言有所为

小学语文口语交际类化教学

李秀蕾 —— 著

中国纺织出版社有限公司

图书在版编目（CIP）数据

言有所为：小学语文口语交际类化教学 / 李秀蕾著
. -- 北京：中国纺织出版社有限公司，2023.7
ISBN 978-7-5229-0616-4

Ⅰ. ①言… Ⅱ. ①李… Ⅲ. ①汉语—口语—教学研究
—小学 Ⅳ. ①G623.202

中国国家版本馆CIP数据核字（2023）第091851号

责任编辑：李凤琴　　责任校对：高　涵　　责任印制：储志伟

中国纺织出版社有限公司出版发行
地址：北京市朝阳区百子湾东里A407号楼　邮政编码：100124
销售电话：010—67004422　传真：010—87155801
http://www.c-textilep.com
中国纺织出版社天猫旗舰店
官方微博 http://weibo.com/2119887771
北京华联印刷有限公司印刷　各地新华书店经销
2023年7月第1版第1次印刷
开本：710×1000　1/16　印张：12.5
字数：124千字　定价：58.00元

自序

这是一本关注小学语文口语交际的书。

什么是口语交际，它与"口语表达"有什么不同？有这样两张图或许能说明一些东西。这两张图左右两边各是两句话。第一张图上的两句话是这样的：

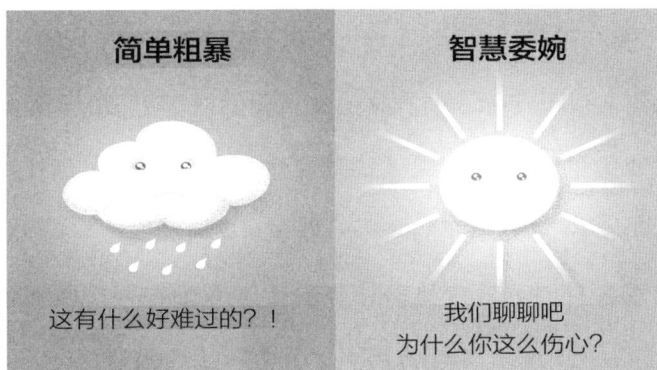

第二张图上的两句话是这样的：

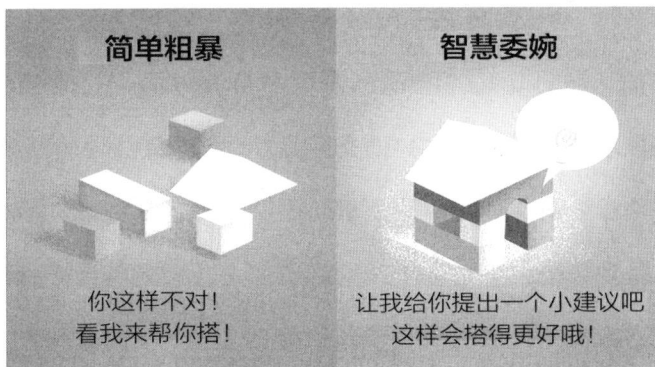

显然，两张图左侧的语言都是简单粗暴的，非但不能表达自己的关心和帮助，可能还会让听者产生很不舒服的心理感受；而右侧的语言则刚好相反，智慧婉转，能让听者很自然地感觉和接收到话语中的心意。所谓"良言一句三冬暖，恶语伤人六月寒"，这就是口语交际的魅力。口语交际，广义地说就是生活中俗称的"说话"，善于"说话"的人口吐莲花、活色生香，不善于"说话"的人干涩无趣、平淡无奇。所以，口语交际相较于"口语表达"，对象性和功能性都更为突显。现在，网络上随便一搜，就能搜到关于"说话"和培养"说话"能力的好多书，阅读受众从小朋友到成年人。显然，现在大家都达成了这样的共识，那就是口语交际（俗称"说话"）能力是现代公民工作与生活的必备能力。

小学语文口语交际，前身是语文课程中的听说训练课。印象中，有位前辈执教的听说训练课《长颈鹿过生日》，至今仍让我回味无穷。课堂上，扮演长颈鹿的老师和扮演小动物的学生围绕"祝贺生日"开展了各种对话，气氛轻松且愉快。教师在一次次对话中"无痕"地修正、引领，让学生开展更加规范、适恰的口语交际。那是我第一次看到"非常规"的语文课堂，也是第一次模模糊糊地感觉到：口语交际是源于生活，且施用于生活的。

两年前，我开始思考自己新阶段的研究方向。当时，敬爱的特级教师张晨瑛老师提醒我，口语交际是小学语文教材中很小的一块内容，但却是学生语文学习中非常重要的一块内容。的确，口语交际能力不仅仅是现代公民生活和工作的必备能力，它还能传递感情、发展思维、表达审美，是语文核心素养的重要体现。同时，在学生与他人合作学习的过程中，口语交际也发挥着重要作用，因此口语交际能力还是学生的重要学习能力。于是，我又一次关注起口语交际，并将大部分教研精力投入小学语文口语交际中。

回顾我国小学语文课程及课程教学的几次大的变革，从1988年的义务教育大纲中首次提出要把听说与读写摆在同等重要的地位，到2001年《全日制义务教育语文课程标准(实验稿)》对口语交际教学的目标提出了明确的界定；从2001年百花齐放的多套教材，到2019年9月统编版教材全面投入使用，口语交际教学经历了从无到有的过程，并越来越受到重视。但在实际教学中，口语交际真的受到重视了吗？

我们对市级、区级窗口学校和乡镇级中心小学等若干所学校进行了问卷调查。结果发现，和语文的其他教学内容（识字与写字、阅读、习作）相比，口语交际仍处于被边缘化的尴尬境地。这其中固然有评价机制的导向原因，更有教师对口语交际认识不到位的缘故。

通过课堂观察，我们发现很多教师具体存在三种认识不到位的现象：一是"交际功能认知模糊"，这一次交际是为了达成什么样的目的，承载着什么样的功能？比如《打电话》这一次口语交际，学习的是打电话这个行为，还是学习以电话为媒介交流信息、传达情谊？二是"交际形式认知混乱"，交际过程中，学生使用的交际形式是讲述还是讨论，是请求还是请教，是侧重于说还是侧重于双向甚至多向的交际？三是"内容解读零敲碎打"，遇到一课解读一课，解读一课教学一课，那么这一课和前一课有何关联，这一课与后一课是否有接续？这些问题，很多老师都是一片茫然无法作答。

上述三种认识不到位的现象，其根源都指向口语交际的"类别"意识。就如同教学阅读时，教师需要先判断文章的体裁、教材编排的课型，然后进行设计。口语交际教学时，教师也需要先判断口语交际的类别，再进行具体的教学设计。那么，口语交际应该如何去划分"类别"？划分的理论依据是什么？划分"类别"之后又如何开展教学？如何评价？对此，我和课题组小伙伴、名师工作室成员开始了近两年的思考、论证和实践，并凝结成了这本书，用专家学者的研究理论和我们的实践案例来进行逐一印证和回答。

感谢我的团队小伙伴，他们是（按姓氏笔画排序）——

课题组成员：王佩佩、王莹、邬贤波、李倩、张晶、洪建球、柳琰、胡珊珊、蒋桂芳。

名师工作室成员：王芳、叶露艳、庄盈莉、陈微波、孟晓宁、戚维娜、董洁。

最后，还要感谢宁波市教育局和宁波教育学院，感谢宁波市名师工作室这个强大的研训平台，让我们课题组和工作室这些志同道合的小伙伴能够专注地耕耘小学语文口语交际这"一亩三分地"。我们谨以一颗赤诚的心，将"一亩三分地"里结出的微小果实，分享给更多的小学语文老师。

李秀蕾

2023年4月6日

目录

第一章

口语交际为什么要思考"功能类别"

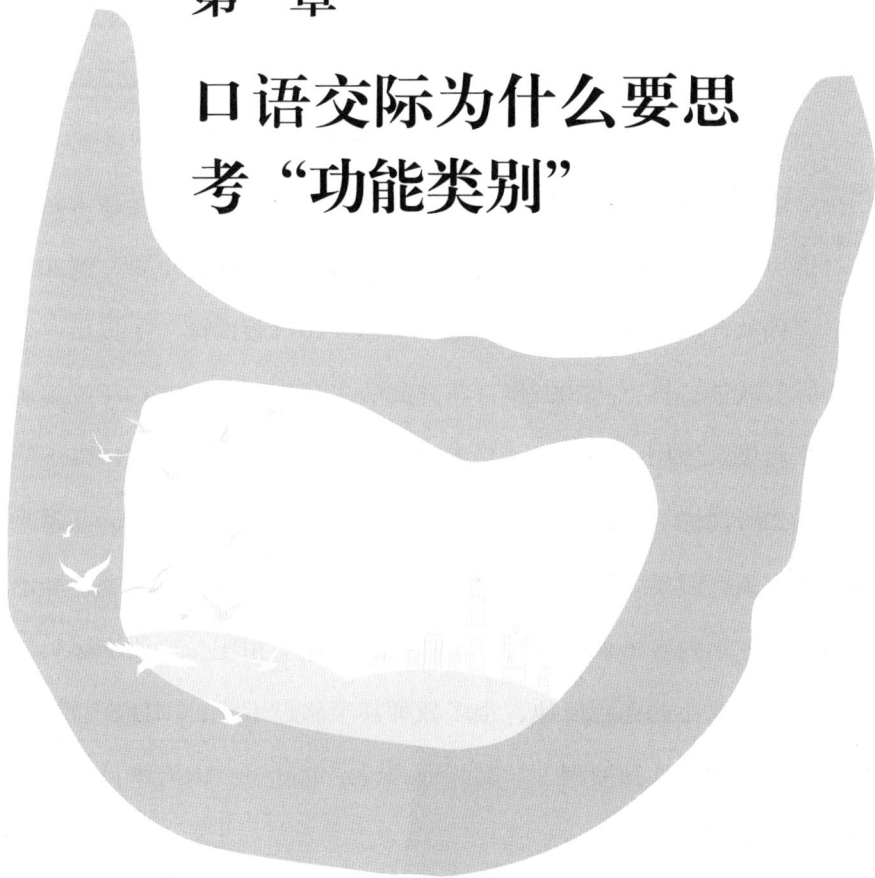

第一节
口语交际需要被重视

口语交际是一项学习内容，也是一种学习和生活活动方式。对于小学语文教师来说，"口语交际"进入教学视野，应该是在人教版教材推出之后。从1984年首次提出"听说与读写"同等重要，到2011版《义务教育语文课程标准》（以下简称"2011版课标"）提出"口语交际"教学目标；从2001年百花齐放的多套教材，到2019年统编版教材全面投入使用、2022版《义务教育语文课程标准》制定（以下简称"2022版课标"），口语交际教学经历了从无到有的过程，并越来越受到重视。但是，课堂上口语交际真的被重视了吗？事实上，和语文的其他教学内容（识字与写字、阅读、习作）相比，口语交际目前仍处于被边缘化的尴尬境地，很多教师甚至略过不教，即使在教，也存在"交际功能认知模糊""交际形式设定混乱""内容解读零敲碎打"等现象。

那么，口语交际需要被重视吗？答案当然是肯定的！

首先，口语交际能力是现代公民生活和工作的必备能力。

《现代汉语词典》中对"口语"的注释为"谈话时所用的语言"，对"交际"的注释为"人与人之间往来的接触"。学术界对

"口语交际"含义界定的声音有很多，但综合来看，口语交际是指双方在特定的情境中，以口头和肢体语言进行表达思想、沟通感情的具有交互性、应对性和创造性的活动。它以情感为基础、以思维为内涵、以语言为外衣，它的发生与进行，既需要任务的认知，也需要情感的协同。

华东师范大学袁振国教授发布的《中国青少年社会与情感能力研究报告》中介绍了社会与情感能力的大五维度——任务能力（尽责性）、情绪调节能力（情绪稳定性）、协作能力（宜人性）、开放能力（开放性）、交往能力（外向性），口语交际过程中至少需要运用其中的协作能力和交往能力，特别是"共情、合作、信任""活力、果敢、乐群"这6项子能力，如图1-1所示。

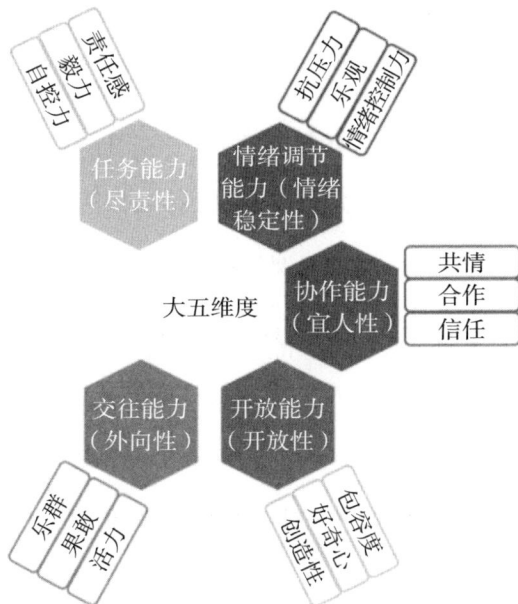

图1-1 社会与情感能力的大五维度和15项子能力

所以，口语交际能力，就是社会与情感能力的重要体现方式之一，是现代公民工作与生活的必备能力。而小学生在口语交际过程中，不仅学习语言、运用语言、发展语言，同时传递情感，发展思维，提升合作能力和交往能力。

其次，口语交际能力是语文核心素养的重要体现。

对比2011版和2022版课标，可以发现如下不同。

第一，提及次数不同。2011版课标中提到"口语交际"共计25次，2022版中虽然只提及1次，但类似于"口语交际"的"交际""人际沟通"等却被多次提及。

第二，呈现方式不同。2011版课标在"学段目标与内容"中，将"口语交际"的教学目标进行单列，与"识字与写字""阅读""习作""综合性学习"并行；2022版课标中，将"口语交际"与"习作"融为"表达与交流"。

第三，目标条数不同。2011版课标中，"口语交际"与"习作"的目标条数有明显差距，分别是第一学段6:4，第二学段4:8，第三学段6:7，第四学段8:10；2022版课标中，"口语交际"与"习作"的目标条数不相上下，分别是第一学段2:2，第二学段3:2，第三学段2:3，第四学段3:4，同时，在"梳理与探究"的学段要求和三个层面六大类别的学习任务群中也多次提及口语交际相关要求。

通过这两个版本课标的比对，我们不难发现，口语交际作为一种语言表达方式，越来越显示出它的重要性，尤其在2022版课标中，"口语交际"与"习作"真正作为语言表达的两种方式，处于同样重要的位置。正如2022版课标中所说，"语言是重要的交际工具和思维工具……在语文课程中，学生的思维能力、审美创造、文化自信都以语言运用为基础，并在学生个体语言经验发展过程中得以实现。"[1]因此，口语交际作为一种语言表达方式，与各种语文活动密不可分，口语交际能力是语文素养的重要体现。

最后，口语交际能力是学生的重要学习能力。

现行的统编版小学语文教材中，随处可见与口语交际相关的学习要求。

比如，三年级上册课文《金色的草地》中有这样一道课后题："只要我们稍加留意，就会发现事物是变化着的。例如，向日葵会随着太阳转动，含羞草被触碰后会'害羞'地低下头……你留意过哪些事物的变化？和同学交流。"五年级上册课文《"精彩极了"和"糟糕透了"》中有这样的课前阅读提示："默读课文，想想父亲和母亲对巴迪的诗为什么会有不同的看法；巴迪长大后，又是如何看待这件事的。联系生活实际，说说你如何看待巴迪父母表达爱的方式。"这样的"交流""说说"学习活动在教材中常常可以看到，其他学科教材中也处处可见。其实，这就是一次借助口语交际展开的学习活动，就像三年级上册口语交际《身边的"小事"》中要求的，学生能够"清楚地表达自己的看法"，到了第九册口语交际《父母之爱》中，要求学生能够"选择恰当的材料支持自己的观点"。

又如，六年级上册课文《桥》中有这样一道课后题："小说最后才点明老支书和小伙子的关系，和同学讨论这样写有什么好处。"这里的"讨论"也是课堂上常用的一种学习方式，它也是一种借助口语交际开展的学习活动。看到这样的学习要求或是提示，教师往往会说"好，请同学们开始讨论……"那么，学生真的会"讨论"吗？课堂上的最常见讨论，或是一人主导一组，其他多数组员集体静默，或者是诸如"谁先来"，这样小组内七嘴八舌地议论一番，这都不是积极的有意义的讨论。其实，统编版小学语文教材中有10次跟商讨有关的口语交际，从讨论时不跑题、注意音量，到讨论过程中补充别人的发言，到讨论后的小结，讨论中需要有人主持等，分次、有梯度地进行专项学习。所以，教材中对于口语交际的编排，其实和对习作的编排方式是一样的，既有零散的小活动，也有集中的大专项。因此，口语交际也是学生在学习过程中的重要能力。

如果说语文是基础学科，是所有学科学习的基础，那么口语交际能力就是一项基础能力，它以语文课堂为主要学习阵地，又辐射和应用于各个不同的学科，应用于生活。可以说，口语交际能力是语文核心素养的重要体现，更是现代公民核心素养的重要体现。虽然，在日常生活中，人们也能够通过经验习得的方式与人谈话、交流、商量、讲述等，但很少能够进行有效的答辩、演讲、协商，展开有序、高效的报告、座谈、讨论等。因此，小学生需要在学校教育里学习口语交际，系统、规律、有意识地提升口语交际能力，更好地实现个人社会化。

第二节
类别化让口语交际教学形成体系

无论是阅读教学还是习作教学，教师都有清晰的文体、课型、表达风格等判断，这就是"类别"意识。同样，口语交际教学，教师也需要树立这种"类别"意识。

应有的"类别"意识

王荣生教授曾经用阅读教学来打比方，说明口语交际也需要有课程意识，也就是"类别"意识。他在《口语交际教学的课程意识》一文中，举了一个关于阅读教学的例子：有人问顾城的《弧线》怎么读？他实际上想知道的是到这首被冠以"朦胧诗"的作品里去"读什么"。[2]

王荣生教授还用一个图来表示这个推论，如图1-2所示。

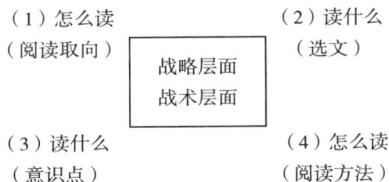

（1）怎么读　　　　　　（2）读什么
（阅读取向）　　　　　　（选文）

战略层面
战术层面

（3）读什么　　　　　　（4）怎么读
（意识点）　　　　　　　（阅读方法）

图1-2　阅读教学取向示意图

王荣生教授指出：口语交际也是如此。我们首先面临的是取向问题——在语文课程中我们所要教的、学生所要学的是哪一种"说话"、哪一种"聆听"。这决定了口语交际的教学中选取哪些材料、选取哪一类活动。[2]

于是，我们可以模仿王荣生教授关于阅读教学取向的示意图，绘制出口语交际教学取向的示意图，如图1-3所示。

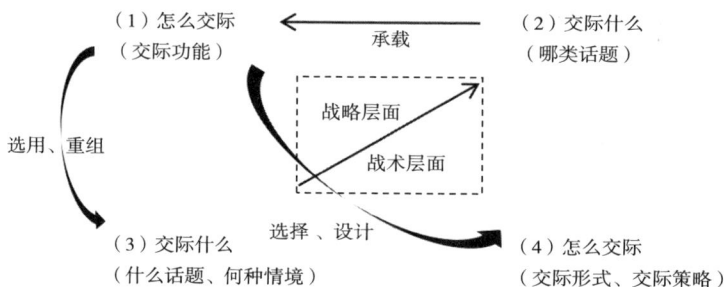

图1-3　口语交际教学取向示意图

由图1-3可知，交际话题往往承载着交际功能。因此，当我们拿到一份口语交际教学内容的时候，我们可以先从"战略层面"去思考这是哪一类的交际功能、哪一类的话题，然后从"战术层面"去思考选用、重组具体的交际话题，选择、设计具体的交际情境和交际策略。显然，有了这样的"类别"判断，教师就能有针对性、有方向、有选择地进行教学设计，组织教学活动。

现有的"类别"划分

截至2023年1月18日，中国知网上关于"口语交际"共有33144

万篇论文及报告，涉及不同学科、不同学段、不同内容、不同纬度的口语交际研究。其中，关于"口语交际、类别"，只有1条数据，是英语学科的论文《基于4C/ID模式的〈日常英语口语交际〉学习任务类别设计》；而关于"口语交际、类"，显示有56条数据，论文提及了关于交际形式的叙述类、独白类、对话类、思辨类，关于交际功能的功能类、交往类、劝说类，关于交际内容的语言类、漫画类、普通类、"学会类""开场白类"……

这些论文及报告对口语交际"类别"的研究存在以下特征：一是类别的划分单打独斗，没有形成体系，如《追寻教与学高度契合的口语课堂——以〈说说广告〉为例谈"漫话类"口语交际教学》《小学交往类口语交际情境教学策略初探》。二是类别的划分有一定的体系，但形成体系的逻辑层面比较混乱，如有论文中将"对话类、独白类、功能类"相提并论，但其实前两者是交际形式维度，后者是交际功能维度，两个不同维度的类别混杂在一起。

巢宗祺教授等主编的《语文课程标准解读》和华中师范大学姚林群教授的研究报告《小学生口语交际能力：要素、水平层次及评价指标》中，都对口语交际的活动类型做出了同样的划分，主要包括：介绍类、独白类、交往类、表演类和议论类五种。介绍类口语交际是要求学生介绍具体的人或物的某些特点，比如，一个人物的介绍、一个景点的介绍、一种动物的介绍等。独白类口语交际要求学生能够表达自己的思想观点、所思所感，如讲故事、说心愿、总结经验教训、读后感、观后感等。交往类口语交际要求学生能够与他人进行合理沟通，包括商量、劝说、打电话、当导游等。表演类口语交际是一些话剧、主持、演讲等活动形式。议论类口语交际要求学生能够一起探讨一些具体问题，表达自己的观点，比如，讨论某种行为是否合理、针对某些问题提出何种建议等。

两位教授关于口语交际的类别划分相对合理，有较高的参考价值。但是，这五个类别的划分，也有需要商榷的地方：其一，介绍类、独白类、表演类存在内涵交叉现象，比如介绍类的口语交际，大多是独白的，五年级上册口语交际《我最喜欢的人物形象》，就要求学生介绍自己喜欢的文学或影视作品中的人物，这一次口语交际，既是对人物的介绍，隶属于介绍类，同时隶属于独白类，要求"分条讲述，把理由说清楚"；又如隶属于表演类的演讲，其实就是在通过演讲（独白）的方式介绍自己的思想观点，所以六年级上册口语交际《演讲》同时隶属于表演类、介绍类和独白类。其二，交往类、表演类和议论类也有内涵交叉现象，比如五年级下册口语交际《怎么表演课本剧》隶属于表演类，但其实教材要求学生通过选择剧本、安排角色、排练课本剧，能够学会"主持讨论时，要引导每个人发表意见；尊重大家的共同决定"，也就是说，这是一次议论类的口语交际。

两位教授关于口语交际的类别划分，之所以会出现内涵交叉重叠的现象，其原因在于，这样的类别划分中，有的是基于交际形式的（议论类、独白类、表演类），有的是基于交际功能的（介绍类、交往类），维度不同，自然会有交叉重叠现象。

基于功能思考"类别"划分

20世纪60年代，英国学者奥斯汀提出了言语行为理论（"言语行为三分说"）[3]，丰富了语用说。奥斯汀在"言语行为三分说"中，把作为整体的言语行为分为三个层次，他认为，当人们在说些什么时，其实可能是以三种基本的方式在做些什么。他把这三层意义的做些什么分别称为"话语行为"（locutionary act）、"话语施事行为"（illocutionary）、"话语施效行为"（perlocutionary act），强调人们所说的话带有一定的目的，也就是说，"言有所为"。比如，当看到蓝天白云、阳光柔和，一个人对家人说："天气不错，我们去走走吧！"当这个人说出这句话的时候，就是施行了"话语行为"。同时，这个人还向家人发出了"去走走"的邀请，这就是"话语施事行为"。当然，这个人也可能对家人这样说："你看，天气很不错吧？"表面上，他只强调了"天气不错"这个事实，但实际上，他还有一个"言外之的"[4]，也就是我们常说的"言外之意"，就是"天气很不错，一起去走走吧"，这就是"话语施效行为"。其中，"话语施事行为"被称为"言内行为"，即语言字面上的意思，包含语言字面上的目的；"话语施效行为"被称为"言外行为"，即语言背后的意思，包含语言的"潜在目的"。有时候，人们说话只是进行了"话语行为"和"话语施事行为"，而有时候，人们说话除了这两层意义，还存在"话语施效行为"这第三层意义。对此，奥斯汀的言语行为理论指出，出于"所为"的目的，人们说话时还要考虑在具体的情景语境下，怎么做出恰当的言语行为。[5]因此，对口语交际类别的研究，也可以基于口语交际"言有所为"的目的，也就是交际功能进行口语交际的"类别"划分，并根据口语交际的"功能类别"，选择对应的交际形式、交际策略。

当然，本书研究的是小学语文口语交际的教和学，基于小学生语言行为能力和学习基础，我们主要以"言内行为"为研究对象，即语言的字面意思、字面目的，不过多考虑"言外行为"（潜在目的）。

第三节
"功能类别"让口语交际教学触类旁通

　　学习口语交际从"言有所为"去考虑每一次口语交际背后的功能和目的，结合现行统编教材中的47次口语交际，小学语文口语交际可以分为三个功能类别："以言促情"的交往类口语交际、"以言指事"的宣传类口语交际和"以言成识"的商讨类口语交际。

"以言促情"的交往类口语交际

　　交往，意为互相走动、拜访、来往。从广义来说，所有的口语交际都是语言交往的过程。但如果探寻这两个字的出处，"交"有结交的意思，如"交友投分，切磨箴规"。（《千字文》），也有朋友、友情的意思，如"交浅而言深，是忠也"。（《战国策·赵策》）因此，"交往"也有结成或是加深情谊的意思。基于此，交往类口语交际可以理解为通过口语交际实现情感交互、促进，即"以言促情"。

　　"以言促情"的交往类口语交际，重在帮助学生远离孤独、孤立。当学生进入一个新的环境，遇到新的伙伴，想要加入新的团队时，他们就会发起具有交往目的的口语交际，从而结识伙伴、触发彼此的情感。

当学生发现有朋友需要安慰，又或是自己需要他人的帮助时，他们也会发起具有交往目的的口语交际，从而增进友谊、加深彼此的情感。

一、交往类口语交际的具体功能

交往类口语交际所开展的"言"和所促发的"情"，大致表现为以下三种。

（一）礼貌交谈，传递友意

在统编教材47次口语交际中，"关于交际习惯和交际意识的培养贯穿始终"。其中，与他人开展口语交际时，能够关注眼神、音量，能够主动自我介绍等交际礼仪，是交往类口语交际的重要学习内容之一。

例如，一年级上册的三次口语交际《我说你做》《我们做朋友》《用多大的声音》，二年级下册的《注意说话的语气》，都是在引导学生养成"说话时看着对方的眼睛""避免使用命令的语气"等与人友好交往的交际习惯，懂得区分"有时候要大声说话，有时候要小声说话"。又如，一年级下册的口语交际《打电话》，看似要让学生学会如何打电话，其实是通过打电话这种形式，引导学生明白与人交谈时要"先自我介绍"。这些内容都是在引导学生学习通过口语交际与人展开礼貌交谈，传递友意。

（二）虚心请教，传递诚意

遇到困难时，能够主动发起口语交际，真诚请求他人的帮助和指导，也是交往类口语交际的学习目的之一。

例如，一年级下册的口语交际《请你帮个忙》，三年级上册的口语交际《请教》，都是引导学生主动寻求帮助，同时要注意交际时用语礼貌，态度虚心诚恳。又如，五年级下册的口语交际《走进他们的童年岁月》，引导学生在采访之前要列出问题清单，在采访之时"要认真、耐心地听别人讲话……不要随意打断别人"等。这些都在引导学生在日常生活中更真诚地与人交往并寻得帮助。

（三）耐心劝慰，传递善意

他人遇到困难，能够主动发起安抚劝慰，以心动心、以情促情，既是学生应该具备的良好品质，也是交往类口语交际的重要学习内容之一。

例如，三年级下册的口语交际《劝告》和四年级上册的口语交际《安慰》，就是两次具有安抚劝慰目的的口语交际。其中，《劝告》更加注重换位思考，引导学生站在他人角度想问题，为他人着想才能使劝告发生效用。《安慰》则引导学生发现，语调、手势、动作也能传递感情，初步理解有的时候合适的言语方式更加重要。

二、交往类口语交际的教材编排

交往类口语交际在教材编排中，呈现出"举重若轻"的特点：一方面，在统编教材编排的47次口语交际中，交往类口语交际只编排了11次，看似并不怎么重要，此为"轻"；另一方面，交往类口语交际中学习的交际礼仪、培养的交际习惯，是所有口语交际开展的基础，此为"重"，如表1-1所示。

表1-1 基于"功能类别"意识的交往类口语交际教材梳理情况

序号	册别	交际主题	交际要求（交际贴士）	交际形式
1	一（上）	《我说你做》	大声说，让别人听得见；注意听别人说话	交谈
2		《我们做朋友》	说话时看对方的眼睛	交谈
3		《用多大的声音》	有时候要大声说话；有时候要小声说话	交谈
4	一（下）	《请你帮个忙》	使用礼貌用语	请教
5		《打电话》	先自我介绍；没听清可以请对方重复	交谈
6	二（下）	《注意说话的语气》	说话的语气不要太生硬；避免使用命令的语气	交谈
7	三（上）	《请教》	有礼貌请教；不清楚的地方及时追问	请教
8		《劝告》	注意说话的语气，不要用指责的口吻；多从别人的角度着想，这样别人更容易接受	劝说
9	四（上）	《安慰》	选择合适的方式进行安慰；借助语调、手势表达情感	劝说
10	四（下）	《转述》	弄清要点，转述时不要遗漏主要信息；注意人称的转换	转述
11	五（下）	《走进他们的童年岁月》	（列问题清单）认真倾听，交流时边听边记录；根据整理的记录，有条理地表达	采访

具体梳理表1-1，交往类口语交际的编排"重心"一览无余。

（一）交往类口语交际的交际形式重在"交谈"

在11次交往类口语交际中，有带着明确目的性的"请教""劝说""采访""转述"，也有目的性不怎么强烈的"交谈"。其中，"交谈"这一交际形式编排的次数最多，共有5次。对应现实生活，"交谈"也是人们发起交往类口语交际最常使用的交际形式。

（二）交往类口语交际的交际礼仪重在"礼貌"

教材中，一年级下册《请你帮个忙》和三年级上册《请教》这两次口语交际明确提出了"礼貌"的要求，而在其他几次交往类口语交际中，"礼貌"这一要求更是交际发起者具象的、可执行的，也是交际对方可感知、可评判的。例如，一年级上册《我说你做》《用多大的声音》中要求运用适当音量，二年级下册《注意说话的语气》、三年级下册《劝告》、四年级上册《安慰》中都要求注意语气语调……正如《义务教育语文课程标准》（2022版）在"学段要求"中提到的："与他人交谈，态度自然大方，有礼貌。"[6]

显然，无论是注重"交谈"这一交际形式，还是注重"礼貌"这一交际礼仪，都是为了实现"以言促情"的交际功能，同时更好地落实"关于交际习惯和交际意识的培养贯穿始终"。编排真可谓"举重若轻"。

"以言指事"的宣传类口语交际

宣传，向人讲解说明，进行教育，或是传播、宣扬。探寻这两个字的出处，"宣"有宣布的意思，如"日宣三德"（《书·皋谟》），也有宣扬传播的意思，如"宣其德行"（《国语·晋语》）。"传"则有转授、递的意思，也有推广、散布的意思，如"师者，所以传道授业解惑也"。（《师说》）因此，宣传类口语交际可以理解为通过口语交际实现信息、思想的发布和扩散，即"以言指事"。

"以言指事"的宣传类口语交际，重在帮助学生输出信息、思想。当学生想要为自己或他人树立形象，为某一处地方或某一样事物扩大影响，为某一种现象甚至某一种思想进行传播时，他们就会发起具有宣传目的的口语交际，从而在对方心中完成对应的画像，甚至加深印象。

一、宣传类口语交际的具体功能

宣传类口语交际所指向的"事"，大致表现为以下三种。

（一）介绍客观事实

例如，一年级下册的口语交际《一起做游戏》，小朋友需要在交际过程中，通过"一边说，一边做动作"，清楚地介绍游戏的玩法；五年级下册的口语交际《我是小小讲解员》，小朋友需要在交际过程中，通过"列提纲"的方法，按照一定顺序有条理地对校园、周边环境或者博物馆做介绍。无论是游戏的玩法还是博物馆的藏品布局，这些都是客观事实，完成对它们的介绍，就是宣传类口语交际的目的之一。

（二）传播图文资料

在日常生活中，传播图文资料是宣传类口语交际的目的之一。例如，一年级下册的口语交际《听故事讲故事》，二年级上册的口语交际《看图讲故事》，三年级下册的《趣味故事会》等，或是由教材提供图文资料，或是由学生自行搜集图文资料，以故事会、笑话大会等方式开展交际活动，从而完成对某件事、某个人或是某种观点、某类现象的传播。

（三）分享主观思想

分享自己的主观想法，也是宣传类口语交际的重要目的之一。例如，一年级上册的口语交际《小兔运南瓜》，这个口语交际内容也曾出现在原来的人教版教材中。对比两种版本的口语交际，内容大体是差不多的。区别在于两份教材中出现的第2个话题："讨论讨论：哪种运南瓜的办法好？为什么？""你喜欢哪种方法？为什么？"前者（人教版）的话题，交际的目的侧重于选出一个最好的办法，而后者（统编版）的话题，交际的目的侧重于说出自己喜欢的方法，表达自己的态度和理由，这在教材右下角的交际小贴士"大胆说出自己的想法"中，也能看得出来。

当然，在统编教材编排的口语交际中，分享主观思想这一目的往往会和其他两种目的糅合着出现，其中在第三学段，三种目的都糅合在一起。例如，六年级上册的口语交际《演讲》《请你支持我》《聊聊书法》，六年级下册的口语交际《同读一本书》《即兴发言》等，都是兼具了描述客观事实、分享主观想法、传播图文资料的目的，宣传性更强。这都说明，宣传类口语交际教学中，教师要多关注学生的个性化理解和观念，塑造其积极的人格。

二、宣传类口语交际的教材梳理

依据宣传类口语交际的功能和交际目的，可以梳理出统编教材的口语交际编排比重：在统编教材编排的47次口语交际中，宣传类口语交际就编排了27次，可谓占据了口语交际的"半壁江山"，如表1-2所示。

表1-2　基于"功能类别"意识的宣传类口语交际教材梳理情况

序号	册别	交际主题	交际要求 （交际贴士）	交际形式	交际目的
1	一（上）	小兔运南瓜	大胆说出自己的想法	讲述	分享主观想法
2	一（下）	听故事讲故事	听故事的时候，可以借助图画记住故事内容； 讲故事的时候，声音要大一些，让别人听清楚	复述	传播图文资料
3		一起做游戏	一边说，一边做动作，使表达更清楚	讲述	介绍客观事实
4	二（上）	有趣的动物	吐字要清楚；有不明白的地方，要有礼貌地提问	讲述	介绍+分享
5		做手工	按照顺序说；注意听，注意主要信息	讲述	介绍+分享
6		看图讲故事	按顺序讲清楚图意；认真听，知道别人讲的是哪幅图的内容	复述	传播图文资料
7	二（下）	长大以后做什么	清楚地表达想法，简单说明理由；对感兴趣的内容多问一问	讲述	分享主观想法
8		推荐一部动画片	注意说话的速度，让别人听清楚；认真听，了解别人讲的内容	讲述	介绍+分享

序号	册别	交际主题	交际要求 （交际贴士）	交际形式	交际目的
9	三 （上）	我的暑假生活	选择别人可能感兴趣的内容讲；借助图片或实物讲	讲述	介绍+ 分享
10		名字里的故事	把了解到的信息讲清楚；礼貌的回应	讲述	介绍客观事实
11		身边的"小事"	清楚地表达自己的看法；汇总小组意见时，尽可能反映每个人的想法	讲述	介绍+ 分享
12	三 （下）	趣味故事会	认真听别人讲故事，记住主要内容；运用合适的方法，把故事讲得更吸引人	复述	传播图文资料
13	四 （上）	讲历史人物故事	用卡片提示讲述内容；使用恰当的语气和肢体语言，可以使讲述更生动	复述	传播图文资料
14	四 （下）	说新闻	准确传达信息；清楚、连贯地讲述	复述	介绍+ 分享
15		自我介绍	对象和目的不同，介绍的内容有所不同	讲述	介绍客观事实
16	五 （上）	讲民间故事	讲故事的时候，可以适当丰富故事的细节；讲故事的时候，可以配上相应的动作和表情	复述	传播图文资料
17		父母之爱	选择恰当的材料支持自己的观点；尊重别人的观点，对别人的发言给予积极回应	讲述	介绍+ 分享
18		我最喜欢的人物形象	听人说话能抓住重点；分条讲述，把理由说清楚	讲述	介绍+ 分享
19	五 （下）	走进他们的童年岁月	（列问题清单） 认真倾听，交流时边听边记；根据整理的记录，有条理地表达	采访讲述	介绍+ 分享

序号	册别	交际主题	交际要求 （交际贴士）	交际 形式	交际 目的
20	五 （下）	我是小小 讲解员	列提纲，按照一定顺序讲述； 根据听众的反映，对讲解的内容 做调整	讲述	介绍客 观事实
21		我们都来 讲笑话	避免不良的口语习惯；用心倾 听，做一个好的听众	复述	传播图 文资料
22	六 （上）	演讲	语气、语调适当，姿态大方； 利用停顿、重复或者辅以动作强 调要点，增强表现力	演讲	三者 兼备
23		请你支 持我	先说想法再说理由；设想对方 可能的反应，并恰当应对	讲述	三者 兼备
24		聊聊书法	有条理地表达，分点说明；对 感兴趣的话题深入交谈	讨论	三者 兼备
25		同读一 本书	引用原文说明观点，使观点更 有说服力；分辨别人的观点是否 正确，理由是否充分	讨论	三者 兼备
26	六 （下）	即兴发言	提前打腹稿，想清楚先说什 么，后说什么，重点说什么；注 意说话的场合和对象	即席 讲话	三者 兼备
27		辩论	（根据辩题有针对性地搜集资 料，充分利用时间进行陈述） 听出辩手讲话中的矛盾或漏洞； 抓住漏洞进行反驳，注意用语文明	辩论	三者 兼备

从表1-2可以看出，宣传类口语交际无论在哪个学段，都是非常重要的教学内容。具体梳理后，宣传类口语交际的编排"重心"一览无余。

（一）宣传类口语交际的交际形式重在"讲述"

27次宣传类口语交际中，以"讲述"为主要交际形式的有14次。

这说明，宣传类口语交际，多以独白的形式呈现，一方侧重于输出（表达），一方侧重于输入（倾听）。当然，这并不意味着没有交际，相反，交际的难度更高了。侧重于输出（表达）的一方，需要随时观察他人（倾听者）的反应，包括表情、动作等，并随机调整自己的输出内容和方式。在讲述结束后，侧重于输出（表达）的一方，也需要接收他人（倾听者）的提问和反馈，并有针对性地进行补充。这一点，在第十册口语交际《我是小小讲解员》中，也有明确的要求："据听众的反映，对讲解的内容做调整。"

（二）宣传类口语交际的交际要求重在"清楚"

从一年级上册口语交际《小兔运南瓜》中"大胆说出自己的想法"，到一年级下册口语交际《一起做游戏》中"一边说一边做动作，让表达更清楚"，二年级上册口语交际《有趣的动物》中"吐字要清晰"，口语交际《做手工》中"按照顺序说"……再到四年级上册口语交际《讲历史人物故事》中"使用恰当的语气和肢体语言，可以让讲述更生动"，六年级上册口语交际《演讲》中"利用停顿、重复或者辅以动作强调要点，增强表现力"等，宣传类口语交际中的要求逐渐提高，但都指向"清楚"，并由"清楚"进阶为"生动"。

（三）宣传类口语交际的目的凸显"个性化思考"

宣传类口语交际的目的一般有三种：传播图文资料、介绍客观事实和分享主观想法。其中，分享主观想法、凸显个性化思考尤为重要，它常常与另外两个交际目的融合进行。到了六年级，宣传类口语交际更是将三个目的都同步推进，越来越凸显学生的独立意识和独特观念。

在如今的自媒体时代，人人都可以通过多种平台向大众传播图文资料、介绍客观事实、分享主观想法。宣传类口语交际也将发挥越来越重要的作用。

"以言成识"的商讨类口语交际

商讨，指商量讨论。商，"从外知内也"。（《说文解字》）许慎认为商的本义是揣测、估量，又由古代商务引申出两个及两个以上的人在一起计划、讨论。讨，"治也"。（《说文解字》）本义是查究、处治，引申为研究、推求。显然，就商讨而言，商侧重于活动的形态与路径，需要多人参与，讨侧重于活动的目的，能够"以言成识"。

"以言成识"的商讨类口语交际，重在帮助学生削减、解决问题。当学生与他人产生观念或利益的矛盾时，当学生需要与他人共同面对或解决某一难题时，他们就会发起具有商讨目的的口语交际，达成共识，从而化解矛盾、消弭冲突。

一、商讨类口语交际的具体功能

梳理统编教材中编排的商讨类口语交际，所开展的"言"和所形成的"识"，大致表现为以下三种。

（一）言有礼度，达成尊重共识

言有礼度，意味着有礼貌有尺度，能表达自我不谦卑，也能尊重他人不强势，能坚持观点也能尊重差异，只有达成了尊重这一共识，商讨才能朝着积极的方向进行下去。

统编教材47次口语交际中，"关于交际习惯和交际意识的培养贯穿始终"。其中，与他人开展口语交际时，能够关注语气、倾听等交际礼仪，"用商量的语气""尊重不同的想法""发言时要控制时间"……这些都是商讨类口语交际贯穿始终的学习内容。

（二）言有规则，清晰传导想法

言有规则，是指基于合作原则的各种口语交际规则，即在参与交谈时，要使你说的话符合你所参与的交谈的公认目的或方向，包括量的准则（提供所需且不多余的信息）、质的准则（说的话力求真实）、相关准则（说的话是相关的）、方式准则（清楚明白地说出要说的话）。[7]

商讨类口语交际本质上就是通过交际促成合作，因此非常注重合作原则。"把想法说清楚""先表明观点，后说清理由""围绕话题发表看法，不跑题"……这些都是基于合作原则的口语交际规则，只有充分遵循这些规则，参与商讨时才能清晰地向对方传达自己的想法，促成合作。

（三）言有进退，达成结论共识

言有进退，是商讨类口语交际注重兼容并包的一种体现。在清晰地传达出自己的想法之后，也要在一定范围内接受他人的想法。这就意味着交际过程中要有进有退。进能更加清晰、明确地表明自己的想法，能将他人类似的想法吸纳进来；退能巧妙兼容与自己略有差异的想法，能适度接受与自己不一样的想法。

"想法接近，先认同再补充""分类整理意见""尊重大家的决定，形成决议"……这些都在提示学生商讨过程中要有一定的进与退，这样才能达成结论共识。

二、商讨类口语交际的教材编排

商讨类口语交际在统编教材中，除了一年级没有编排，其他五个年级共编排了10次。无论是商讨形式、商讨话题还是商讨能力（要求），这10次商讨类口语交际都呈现出非常明显的"梯度进阶"态势，如表1-3所示。

表1-3 基于"功能类别"意识的商讨类口语交际教材梳理情况

序号	册别	交际主题	交际要求（交际贴士）	交际形式
1	二（上）	商量	要用商量的语气；把自己的想法说清楚	商讨
2	二（下）	图书借阅公约	主动发表意见；发表意见时，一个人说完另一个人再说	
3	三（下）	春游去哪儿玩	说清楚想法和理由；耐心听别人讲完，尽量不打断别人的话	
4	三（下）	该不该实行班干部轮流制	先表明观点，后说清理由；边听边思考；尊重不同的想法	
5	四（上）	我们与环境	围绕话题发表看法，不跑题；判断别人的发言是否与话题相关	
6	四（上）	爱护眼睛，保护视力	小组讨论时，注意说话的音量，避免干扰其他小组；不重复别人说过的话，如果想法接近，可以先表示认同，再继续补充	

序号	册别	交际主题	交际要求（交际贴士）	交际形式
7	四（下）	朋友相处的秘诀	根据讨论的目的，记录重要信息；分类整理小组意见，有条理地汇报	商讨
8	五（上）	制定班级公约	发言时要控制时间；讨论后作小结，既总结大家的共同意见，也说明不同意见	
9	五（下）	怎么表演课本剧	主持讨论时，要引导每个人发表意见；尊重大家的共同决定	
10	六（上）	意见不同怎么办	准确把握别人的观点，不歪曲，不断章取义；尊重不同意见，讨论问题时，态度要平和，以理服人	

综合表1-3来看，商讨类口语交际编排的"梯度进阶"态势主要体现在三个方面。

（一）商讨对象由少到多

教材中的商讨类口语交际，有三个层级的交际参与面。

初级，一对一进行商讨，例如，二年级上册口语交际《商量》。此时，学生的能力较弱，能够关注的内容较少，因此安排一对一的商讨较为适宜。

中级，一对多进行商讨。这一层级，又分为组内商讨和班内商讨两种。例如，二年级下册口语交际《图书借阅公约》、三年级下册口语交际《春游去哪儿》等，就是组内商讨的口语交际；三年级下册口语交际《该不该实行班干部轮流制》就是一次班内商讨的口语交际。这两种商讨，教材中常常同时存在，一般都是先进行组内商讨，在形成一定意见后再进行班内商讨。

高级，多角色、多角度商讨，例如，六年级上册口语交际《意见不同怎么办》。这是教材中唯一一次引入社会身份参与的商讨，要求学生能够站在不同角色、不同角度思考问题展开交际，更接近成年人的"协商"。

（二）商讨话题由浅入深

教材中的商讨话题大多是学生身边的、日常的、当下的。在此基础上，交际话题逐渐趋向于公共的、社会的、长远的，从小集体（朋友、班级）到大集体（个人与社会、人类与自然），有较明显的纵深发展趋势。

比如，二年级上册口语交际《商量》，学生需要与同学、与家长商量一些生活中的小事、小细节的安排。二年级下册口语交际《图书借阅公约》，学生需要与组员商讨，与班级同学集体商讨，建立属于大家的公共约定。四年级上册口语交际《我们与环境》、六年级上册口语交际《意见不同怎么办》，学生不仅需要与组员商讨，还需要与全校同学、与社区居民，甚至与其他不同岗位的人达成关于生活和社会运作的共识。小公民的意识在商讨类交际话题中越来越凸显。

（三）商讨能力由低到高

商讨除了是口语交际的一种交际形式外，也是各学科的一种重要学习方式，在日常教学中被频繁使用。例如，六年级上册第12课《桥》中，课后题要求"小说最后才点明老支书和小伙子的关系，和同学讨论这样写有什么好处"。这就是一次借助口语交际展开的学习活动，它要求学生能够清楚地表达自己的想法，并商讨出这一类"欧亨利式结尾"的好处。为了让学生能够积极、有效地开展讨论，教材在商讨类口语交际中，设置了由低到高的能力层级。

一方面，商讨时的组织能力由低到高。从二年级下册口语交际《图书借阅公约》中的"主动发表意见"，到五年级上册口语交际《制定班级公约》中的"讨论后作小结"，再到五年级下册口语交际《怎么表演课本剧》中的"主持讨论"，学生从主动参与商讨，到尝试主持、组织商讨，能力梯度明显。

另一方面，商讨时的交际能力由低到高。在表达方面，从二年级上册口语交际《商量》中的"把自己的想法说清楚"，到三年级下册口语交际《春游去哪儿玩》中的"说清楚想法和理由"，《该不该实行班干部轮流制》中的"先表明观点，后说清理由"，再到四年级上册口语交际《我们与环境》中的"围绕话题发表意见，不跑题"，《爱护眼睛，保护视力》中的"如果想法接近，可以先表示认同，再继续补充"，对"清楚表达"的能力要求非常具体。同样，在倾听时，从三年级下册口语交际《春游去哪儿玩》中的"耐心听别人讲完"到《该不该实行班干部轮流制》中的"边听边思考"，再到四年级上册口语交际《我们与环境》中的"判断别人的发言是否与话题相关"，对"有效倾听"的要求也越来越具体。

正因为教材在编排时有非常明显的"梯度进阶"，教师在解读并设计口语交际教学时更需要精准定位、锚定目标。

口语交际"功能类别"的辨析及示例

对统编版教材小学语文中出现的47次口语交际进行梳理和反复论

证，基本上明确了每次口语交际的语用功能。如表1-4所示。

表1-4 基于"功能类别"意识的口语交际教学内容统计

类别	年级（次）						
	一年级	二年级	三年级	四年级	五年级	六年级	总计
交往类	5	1	2	2	1	0	11
宣传类	3	5	4	3	6	6	27
商讨类	0	2	2	3	2	1	10

从表1-4的统计数据看出，教材中宣传类口语交际的学习次数偏多，尤其在第三学段特别多；交往类口语交际主要在第一学段进行学习；商讨类口语交际的学习次数在三个学段相对稳定……教材为何如此编排？这与我们现实生活中口语交际的功能使用频率是否相契合？这个问题，我们可以在后续的研究中做进一步思考。

那么，如何确定某次口语交际内容隶属于哪个"功能类别"呢？

示例一：口语交际：《走进他们的童年岁月》

在表1-4中，有一个数据出现了问题：统编教材小学语文一共编排了47次口语交际，但上表中三个功能类别的口语交际共有48次。原因在于五年级下册的口语交际《走进他们的童年岁月》，这是一次有两个口语交际任务及功能的教学内容。第一个任务是对身边的大人进行采访，要求学习列问题清单，借助清单进行采访，同时"认真倾听，交流时边听边记录"，也就是说，第一个任务是开展"以言促情"的交往类口语交际；第二个任务是"和同学分享你了解到的情况和你的感受"，要求"根据整理的记录，有条理地表达"，所以，这个任务是开展"以言指事"的宣传类口语交际。正因此，47次口语交际中出现了48个交际任务。

从这个特殊的课例不难看出，要想确定口语交际的"功能类别"，就要综合考量教材中提供的交际任务、交际话题和交际小贴士，权衡之后再确定。

示例二：口语交际：《我说你做》《一起做游戏》

一年级上册的口语交际《我说你做》和一年级下册的口语交际《一起做游戏》，这两个教学内容的共同之处有很多。首先，两者都是以游戏为情境，只不过前者的交际内容是游戏本身，后者的交际内容是邀请并介绍游戏；其次，两者都提到要让别人听明白，只不过前者的方法在于"大声说"，后者的方法在于"一边说一边做动作"。那么，这两篇口语交际的交际功能一样吗？当然不一样。前者，重在让双方更加愉快地玩游戏，通过"以言促情"达到交往的目的；后者，重在让对方认识这种游戏，通过"以言指事"达到宣传的目的。因此，这两次口语交际的功能类别并不相同。

示例三：口语交际：《聊聊书法》《同读一本书》

比对六年级上册口语交际《聊聊书法》和六年级下册口语交际《同读一本书》似乎都是在"聊"，前者聊书法，后者聊书。聊天交流情感，那么，这两次口语交际都是以交往为目的，实现"以言促情"吗？再看教材右下角的交际小贴士。

《聊聊书法》的第一条小贴士，要求"有条理地表达，如分点说明"；《同读一本书》的第一条小贴士，要求"引用原文说明观点，使观点更有说服力"，这两条小贴士都是在强调把观点、想法或是态度表达清楚。那么，这两次口语交际都是以宣传为目的，以言指事吗？

《聊聊书法》的第二条小贴士，要求"对感兴趣的话题深入交谈"，这显然要找到"感兴趣的话题"，并对这个话题"聊"透彻也了解透彻；《同读一本书》的第二条小贴士，要求"分辨别人的观点是否有道理，讲的理由是否充分"，这显然也是在引导学生通过倾听、分辨、应对，把某个观点（话题）"聊"透彻了。

我们再来看看教材中提供的话题。仔细读不难发现，这两次口语交际，都需要学生提前做好准备，《聊聊书法》可以是图片、实物，《同读一本书》可以是书本中的批注、书中的原文等。而这提前的准备，不是为了促进情感的交流，而是为了说清自己的观点，"让你的讲述更加生动""要勇于表达自己的真实想法，哪怕你的想法与大多数人都不一样"。因此，这两次口语交际，都是以宣传为目的，实现"以言指事"。

当然，在小学口语交际课中，为了便于学生习得，我们要尽量做到"一课一目的"。因此，教师需要对每一次口语交际的语用目的加以认定，并投射在具体的教学中。如表1-5所示。

表1-5　统编教材基于"功能类别"的口语交际内容梳理情况

序号	册别	单元	交际主题	交际功能类别
1	一（上）	第1单元	我说你做	交往类
2		第4单元	我们做朋友	交往类
3		第6单元	用多大的声音	交往类
4		第8单元	小兔运南瓜	宣传类

序号	册别	单元	交际主题	交际功能类别
5	一 （下）	第1单元	听故事讲故事	宣传类
6		第3单元	请你帮个忙	交往类
7		第5单元	打电话	交往类
8		第7单元	一起做游戏	宣传类
9	二 （上）	第1单元	有趣的动物	宣传类
10		第3单元	做手工	宣传类
11		第5单元	商量	商讨类
12		第6单元	看图讲故事	宣传类
13	二 （下）	第1单元	注意说话的语气	交往类
14		第3单元	长大以后做什么	宣传类
15		第5单元	图书借阅公约	商讨类
16		第8单元	推荐一部动画片	宣传类
17	三 （上）	第1单元	我的暑假生活	宣传类
18		第4单元	名字里的故事	宣传类
19		第7单元	身边的"小事"	宣传类
20		第8单元	请教	交往类
21	三 （下）	第1单元	春游去哪儿玩	商讨类
22		第2单元	该不该实行班干部轮流制	商讨类
23		第7单元	劝告	交往类
24		第8单元	趣味故事会	宣传类
25	四 （上）	第1单元	我们与环境	商讨类
26		第3单元	爱护眼睛，保护视力	商讨类
27		第6单元	安慰	交往类
28		第8单元	讲历史人物故事	宣传类

序号	册别	单元	交际主题	交际功能类别
29	四（下）	第1单元	转述	交往类
30		第2单元	说新闻	宣传类
31		第6单元	朋友相处的秘诀	商讨类
32		第7单元	自我介绍	宣传类
33	五（上）	第1单元	制定班级公约	商讨类
34		第3单元	讲民间故事	宣传类
35		第6单元	父母之爱	宣传类
36		第8单元	我最喜欢的人物形象	宣传类
37	五（下）	第1单元	走进他们的童年岁月	交往类、宣传类
38		第2单元	怎么表演课本剧	商讨类
39		第7单元	我是小小讲解员	宣传类
40		第8单元	我们都来讲笑话	宣传类
41	六（上）	第1单元	演讲	宣传类
42		第4单元	请你支持我	宣传类
43		第6单元	意见不同怎么办	商讨类
44		第7单元	聊聊书法	宣传类
45	六（下）	第2单元	同读一本书	宣传类
46		第4单元	即兴发言	宣传类
47		第5单元	辩论	宣传类

第二章

基于"功能类别"的口语交际教学怎么教？

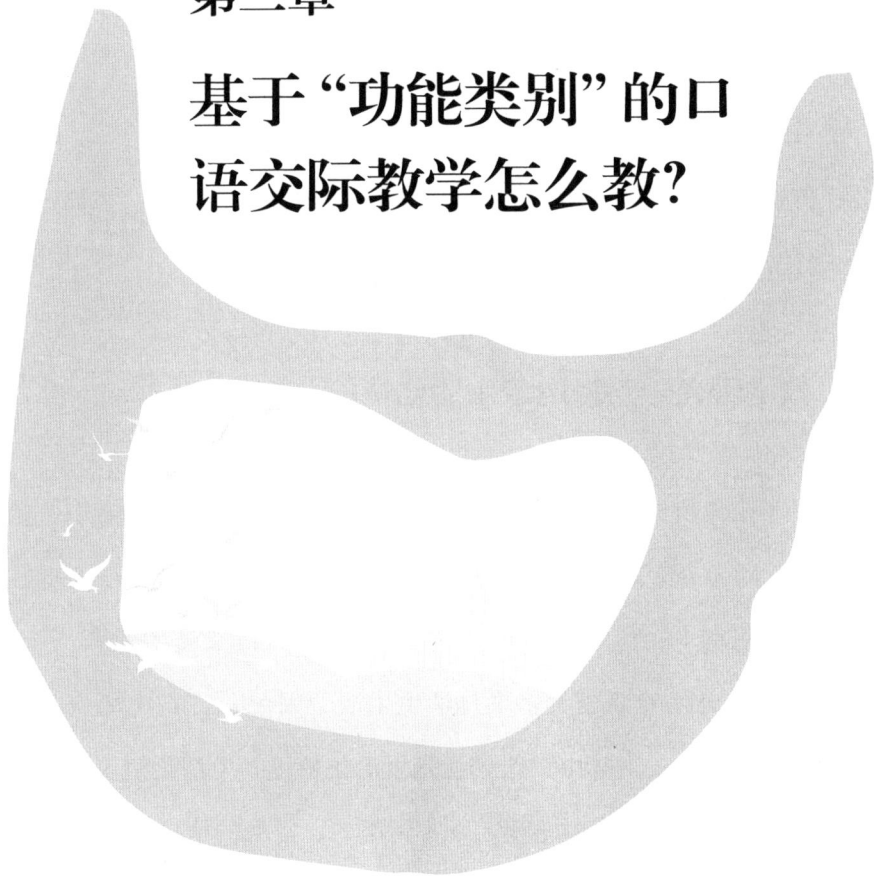

第一节
交往类口语交际的教学研究与实践案例

交往类口语交际以生活素材为交际话题，以真诚自然为交际风格。因此，在教学实践中，交际情境的设置和交际策略的选择都要符合交往类口语交际的两个特质。

教学研究一：打造"生活化情境"

"整套教材编排的47次口语交际，努力培养学生的目的意识、角色意识、对象意识、场合意识，使学生在真实的交际情境中学会尊重他人、礼貌待人，使学生具有文明和谐地进行人际交流的素养。"[8]交往类口语交际的话题大多来自学生生活，因此，"真实的交际情境"在交往类口语交际中，指的就是生活化情境。生活化情境，就是一种模拟学生生活样态的情境，是家常类的、常见的情境。

一、生活化情境的重要性及类型

交往类口语交际的话题内容一般来源于学生熟知或是身边的人、事、物，有明显的时间感、空间感和对象感。因此，学生在生活化情境中学习，能掌握日常交往必备的口语交际能力，并应用所学去解决生活中的实际问题，更好地服务于日常学习与生活。

2022版课标要求学生能够"根据具体交际情境和交流对象，清楚得体表达，有效传递信息，满足家庭生活、学校生活、社会生活交流沟通需要"。显然，其中的"家庭生活、学校生活、社会生活"就是三种具体的生活化情境。梳理整套统编教材，11次交往类口语交际，几乎每课都有口语化的话题介绍、生活化的情境图、儿童化的"泡泡语"等静态助学内容，有助于勾连日常生活、唤醒学生的生活记忆。如表2-1所示。

表2-1　交往类口语交际的情境设置情况

册别	交际主题	教材提供的情境与话题	情境类型
一（上）	我说你做	情境：我们一起来做游戏吧（一个人发指令，其他人做动作）	学校生活
	我们做朋友	情境：班里有些同学你还不熟悉吧？去做个自我介绍，跟他们聊聊天，成为新朋友吧	学校生活
	用多大的声音	情境：①阅览室里，男生："请问，这里有人吗？" ②办公室里，男生："老师，我在教室里捡到一块橡皮。" ③教室里，男生："我给大家讲一个故事……" 话题：什么时候要大声说话？什么时候要小声说话	学校生活社会生活

册别	交际主题	教材提供的情境与话题	情境类型
一（下）	请你帮个忙	情境：①男生："叔叔，您好！请问书店怎么走？" ②女生："李山，我忘了带水彩笔，可以用一下你的吗？" ③男生："姐姐，我想请你帮个忙……" 话题：有时候我们需要别人的帮助，该怎样请求帮助呢	学校生活社会生活
	打电话	话题：你打过电话吗？应该怎样打电话呢？ ①打电话约同学踢球； ②打电话向老师请假； ③有一个叔叔打电话找爸爸，但是爸爸不在家	学校生活家庭生活
二（下）	注意说话的语气	情境：①妈妈让我学钢琴，我想学画画，我会跟妈妈说…… ②上学迟到了，老师批评了我。下课后我对老师说…… ③看到同学洗手后忘了关水龙头，我会跟他说…… 话题：如果遇到上面的情形，你会怎样说	学校生活家庭生活
三（上）	请教	话题：和同学交流，向别人请教应该注意什么	学校生活社会生活
三（下）	劝告	情境：有一个同学，下课时坐在楼梯的扶手上往下滑，高年级同学看到了，劝他别这么做； 话题：①你觉得那个同学更有可能接受谁的劝告？为什么？ ②如果遇到下面这些情况，你会怎样劝他们？ 有同学乱穿马路； 表哥喜欢玩电脑游戏，一玩就是一整天	学校生活家庭生活社会生活

册别	交际主题	教材提供的情境与话题	情境类型
四（上）	安慰	情境：①4×100米接力赛中，小峰摔倒，班级在这个项目上没取得名次；②小丽家要搬到另一个城市，她马上就要离开自己的好朋友了；③出去玩的时候，小冰把手表弄丢了。这是妈妈送他的生日礼物；话题：选一种情况，和同学模拟练习安慰	学校生活家庭生活
四（下）	转述	情境：①看到更馆借阅卡的通知，要去告诉小军；②把老师的话转告给小丽；话题：①根据上面的情境，联系生活实际，分小组进行转述；②联系生活中的其他情境，和同学练一练	学校生活家庭生活
五（下）	走进他们的童年岁月	话题：采访大人们，了解他们小时候的故事	家庭生活

　　"让学生在真实的交际情境中完成有实际意义的交际任务，对他们的日常生活有较强的指导意义。"一来，让学生在生活场景中学习交际，也把口语交际课上学到的原则和方法直接运用于自己的生活，提高学生日常口语交际水平；二来，生活化情境能够唤醒学生对生活片段的记忆，熟悉的场景与记忆，能提升学生交际心理的安全感，让学生更加投入地展开口语交际。

二、生活化情境的应用缺陷

　　交往类口语交际课堂上，教师若能巧妙依托教材内容、联系日常真实生活，创设真实生活情境，就能助推学生在情境中展开交际。然在一线口语交际教学中，不少教师对口语交际教学的研究程度不深，对情境创设与推进的认识不足，存在以下缺陷。

缺陷一：简图铺设，"生活"无法激活

交往类口语交际课上，借助插图创设生活情境、激发学生表达欲，这是很多教师最爱用也最常用的方法。具体教学中，不少教师存在简单运用概括性语言介绍画面后就要求学生给出回应的现象。例如，一教师在执教三年级下册口语交际《劝告》时，出示了一张小学生闯红灯过马路的图片，问："如果遇到同学乱穿马路这种情况，你会怎样劝他？"学生回答："我会劝他不要乱穿马路，因为这样做非常危险。""我会劝他以后不要违反交通规则，要做文明的小学生。"……在这个过程中，学生只是以"看图说话的学生"身份单纯回答教师提问，无法以"情境中的劝告者"身份对乱穿马路的同学进行劝告。生活情境没有激活，口语交际无法发生。

缺陷二：顺畅推进，"生活"过于美好

交往类口语交际课堂上，师生创设的生活情境大多偏于理想化，缺少矛盾冲突，交际过程十分顺畅，学生容易产生"口语交际有何难？你说我说多简单！"的错觉，无法在课堂上习得现实生活所需的随机应变能力。仍以三年级下册口语交际《劝告》为例，一教师运用视听媒体营造马路环境，学生代入角色共同走进情境场，面对面展开"劝告"，效果立竿见影，每位扮演乱穿马路者的学生都接受了他人的劝告。然而，真实生活中，每个乱穿马路的人都会耐心倾听他人劝告、欣然接受他人劝告吗？真实生活中，每一次劝告真能如此顺利吗？生活情境过于美好，口语交际过于理想。

缺陷三：量化评价，"生活"失去价值

交往类口语交际课堂上，我们常常看到形式多样的量化评价：打几颗星、点几个赞、得几朵花……以一年级下册口语交际《请你帮个忙》为例，一学生以问路者身份向扮演路人的同学问路。学生刚问完，教师就请其他学生发表自己的看法："你认为某学生做得怎么样？你想给他打几颗星？为什么？"学生答："我觉得他做得很好。我想给他打两颗星，因为他做到了有礼貌，也做到了说清楚。"为了完成这类量化评价，学生在倾听同伴语言的过程中，渐渐习惯以打分者的姿态去分析，以缺少温度的数量值去衡量，而缺少从相应情境中交际对象的角度去感受、评价。情境失去了其应有的价值。

三、生活化情境的推进策略

生活化情境源于真实的生活，因此，情境的创设和推进也要以"真实"或是接近"真实"为依归。

策略一：依托教材，"动化"生活真境

所谓真实，不仅仅指情境内容是学生见过的、有经验的，更要指向学生在口语交际课上是否能够调动原有的生活经验，真正地参与到活动中。因此，教师可以想方设法使静态的教材情境活动起来，从学生的表演欲、学生对待游戏的投入度等学生的心理因素、认知特点出发，借助媒体营造氛围、实物道具辅助、角色代入体验等都是创设生活情境的好办法。在具体的情境中，学生在真实的倾听、应对与表达中提高倾听专注度、应对灵敏度、表达自主性，让学生感受到真实，自然而然地投入交际活动中。

例如，教学一年级上册口语交际《用多大的声音》时，一位教师通过大屏幕呈现教材第1幅情境图（见教材），引导学生仔细观察，明确图中场景——图书馆，带领学生认读句子"请问，这里有人吗"，明确人物需求——寻找座位。接着，大屏幕播放学生熟悉的本区图书馆照片，最后定格在市民静读的画面上。在此基础上，教师邀请学生上台扮演寻找座位的小学生，继而引导更多学生转换角色。"好，让我们一起走进图书馆。现在，我是一位正在图书馆书架前整理书籍的管理员。"说着教师戴上写有"管理员"字样的袖标走到班级图书角前，又问台下的学生："现在，你又是谁呢？又在图书馆里做什么呢？"学生回答："我是在图书馆看书的小朋友。""我是在图书馆写作业的大姐姐。""我是在图书馆查找资料的大哥哥。"……接着，舒缓的钢琴曲响起，大家都开始安静地做情境角色所做的事：座位上看书、写作业，书架前选书、查资料……在这样的氛围中，寻找座位的小学生走进教室，脚步轻轻地寻找座位，轻声询问："请问，这里有人吗？"

在这个过程中，教师通过媒体辅助，变教材静态的情境图为身边熟悉的图书馆；借助道具，化虚构的角色人物为真实；指导群演，变教材中的"他们"为课堂上的"我们"。在这样的转化过程中，平面静默的教材情境化成了立体鲜活的真实情境，学生在真实场景与真实交往中真切感受了特殊场合中的音量要求。

策略二：引入障碍，"丰化"生活真境

口语交际教学可以使学生具备良好的语言能力，更好地适应社会生活，满足身心发展需要。教师创设的情境越贴近真实生活，越有助于学生在思考与应对中提高交际能力。因此，交往类口语交际课堂上，教师不仅需要观照生活实际，还需要适度引入"障碍"，使情境更加丰富，更加真实。

1.顺势凸显，引发思辨

一教师在教学一年级上册口语交际《用多大的声音》时，教师一边运用生动语言讲述小新同学的假日行程，一边借助媒体逐一展现小新一家在游乐园游玩、影院看电影、展览馆参观、超市购物时的照片。随着教师的讲述，每幅情境图旁都会随机出示句子"这个真好看！我喜欢这个！"请学生为当时的小新配音。师生合作讲述后，教师问："刚才，大家说这两句话时，声音一会儿重，一会儿轻，有时轻得都快听不到了。同样的句子，在不同的场合，音量为什么不一样呢？"学生有了之前的场景情境图作导引，在为小新配音的过程中自然经历了音量的选择，在后续的交流中能清晰地说清原因。学生经历了这样一个根据情境作选择、进入情境作表达、多个情境去思辨的过程，对本次交际要求"有时候要大声说话，有时候要小声说话"便有了自己的理解，对生活中要根据不同场合选择合适的音量这一交际礼仪也有了直观的理解。

2.呈现障碍，丰满细节

某位特级教师在教学三年级下册口语交际《劝告》时，引导学生劝告乱穿马路的同学。在学生开展多次交际实践后，教师又插入了这样一种情况："请不要以为世界上每个人都要对你客客气气的。假如你遇到的是一个固执又不听劝的陌生人，你怎么劝呢？这次我来扮演被劝的人，有能力、有想法的同学都请到讲台前排队，来扮演劝告者。"在接下来的角色代入式口语交际活动中，面对"劝告者"多角度的劝告，"固执的陌生人"（教师）就是不接受他人的劝告。最后，该教师提醒学生："假如你在街头遇到闯红灯的'顽固人'，注意！劝完立即就跑，因为你是好心，但不一定会遇上好人，记住你的安全永远是第一，劝告别人时，一定要保护好自己的人身安全。"基于真实生活的冲突添加，丰满了生活情境中的细节，促使学生更冷静地、更安全地参与社会交往。

策略三：评价表现，"活化"生活真境

交往类口语交际课堂上，学生的交际在真实情境中发生，教师对学生的表现可以采用"入境评价"和"用境评价"两种方式，引导学生在开展口语交际时关照交际对象的感受，提升自己的学习效果。

"入境评价"，就是请同在情境中的学生对交际对方开展评价。

例如，一教师在执教一年级下册口语交际《请你帮个忙》时，借助媒体和实物，在教室里营造出第三幅情境图的氛围感：大屏幕呈现绿茵球场画面，播放户外活动的音频，讲台当球场围栏，讲台不远处放一个足球。在同桌练习的基础上，教师邀请两个学生开展口语交际，请扮演帮助者的学生在"校园大道"（教室后排过道）行走，并将户外活动音频音量调大。两个学生对话时，因为户外活动音频声音较重、求助者声音又太轻，帮助者很自然地喊话："你说什么？我听不清！"说完，走近"围栏"，再次交际。展示完毕，教师采访那位帮助他人的学生："刚才，当他向你求助时，你是愿意帮助他还是非常愿意帮助他？"学生答："我非常愿意帮助他。"教师继续采访："为什么？"学生答："因为他声音响亮，还很有礼貌，一开始叫我'大哥哥'，后来又说了'谢谢'。"在这个过程中，扮演助人者的同学基于当时的情境，在交际时告知求助者自己"听不清"，暗示对方注意场合放大音量，这就是"入境评价"。常用入境评价，能更好地提醒学生从交际双方的角度去体察当时自己的真实感受。

"用境评价"，就是观看口语交际过程的其他学生，结合情境对参与交际的学生展开评价。

例如，《请你帮个忙》的教学中，教师又采访了其他学生："看完他们的对话过程，你有什么想法？有没有特别想点赞的地方？或者想提些建议的地方？"一个学生说："我想为某某同学点赞。他第一次求助时声音很轻，球场很吵，别人听不清。他第二次求助时声音很响亮，有进步。"另一个学生说："我想为'大哥哥'点赞。他第一次没有听清，第二次他走近球场去听，很像真正的大哥哥。"在这个过程中，教师采访其他学生，请他们基于当时的情境，或点赞或提建议，就是一种"用境评价"。

总之，口语交际课堂是学生口语交际能力形成与实践的地方。在交往类口语交际课堂上，充分发挥统编教材特点，关照学生真实生活，依托教材"动化"生活真境，引入障碍"丰化"生活真境，评价表现"活化"生活真境，能助力学生更顺畅地从课堂走向课外，促进学生口语交际能力的有效提升。

教学研究二：实施"黏合式交际"

统编教材中，交往类口语交际安排有交谈、请教、劝说、转述和采访等交际形式。这些口语交际形式，都采用频频互动的方式开展交往，由此实现以言促情。这与物理学上的"黏合"非常相似。"黏合"原义是指"使两个或几个物体黏在一起。在黏合过程中，界面上的分子能相线扩散渗透，可进一步增加相互的黏合力"。而"黏合式交际"，就是学生通过高频率多回合地持续交往，从而实现与对方的内容、观点及情感的黏合。

一、黏合式交际的使用缺陷

当下交往类的口语交际教学，在推进交际时常常没能实现"黏合"。具体有如下三种缺陷。

缺陷一：填空式交往，交际失真

在不少口语交际课上，学生不知如何说起，不知该说什么，需要教师提供"开头"，他才会被触发似的接着往下说。这种一问一答的"填空式"交往，没有体现真正的交际，背离了口语交际的初衷与目的。

缺陷二：意识流式交往，交际失效

在交往过程中，学生的表达还会呈现出"破碎、颠倒、混乱"的特点，即想到什么说什么，缺乏逻辑性和连贯性，交往对象之间互动时信息不对等，导致无法持续交流，交往功能无法达成。

缺陷三：单招式交往，交际失续

不少学生在进行口语交际时，面对话题只有一招，一旦被拒绝，没有后招，不知不觉成了话题"终结者"。例如三年级《请教》一课，当学生"请教"教师时，发现教师在忙无法提供帮助，除了表示"感谢"，却不知道可以再次"追问"教师"什么时候方便指导？"。这样的交往还没开始，就结束了，没有形成多个回合的交际流，交往无法持续。

这些缺陷都指向"无法延续交际频次"。交际频次过少或无法延续，都将使学生与交际对象之间呈现浅层交往，无法实现深层共情，"以言促情"的交往功能自然受阻。反之，交际的频次越高，越容易形成共同的语言、共同的态度，从而增进彼此的情感。因此，交往类口语交际教学需采用"黏合式"的交际策略，提高交际频次。

二、"黏合式交际"的推进策略

交往类口语交际教学应该引导学生根据交际话题，基于交际内容做出回应，或肯定或补充，或反驳或追问，推动与对方的互动交往，保证口语交际的互动频率，逐渐实现情感"黏合"，达成交往的目的。

策略一：基于认同，真诚赞美

这一条策略，是建立在交际双方观点一致的基础上。在一方表述之后，另一方对刚才的观点或是表述的内容作全面的肯定。学会表达认同、表达赞美，不仅仅是引导学生学习如何"说话"，养成积极的交际习惯，更是帮助学生形成积极的价值观。

1.认同做法，赞一赞

言为心声。在交际过程中，通过真诚的赞美表达对观点的认同，更能拉近彼此的距离，自然推进交往。

在一年级口语交际课《我说你做》教学中，教师说指令，学生做动作。当学生能听要求准确做到时，教师及时表扬"我说的指令，你们做得可真准确"。并询问"你们是怎么做到的"？学生会关注到要点，如回应"因为老师声音大，话说得清楚，我们听得清楚"。针对学生反馈，教师应继续夸奖，如"你的夸奖让我好开心，接下来我会继续大声地把指令说清楚"，并引导学生后续也要如此口语交际。像这样的互动，在整堂课中不断呈现，除了师生之间，还要鼓励生生之间不断地通过表扬或肯定式话语，认可对方的做法，在自然生成的语言互动中体验到大声说和注意听的交际要点，养成良好的听说习惯。

2.认可效果，谢一谢

在得到他人帮助或者建议后，教师要及时引导学生给予回应、真诚表达谢意，以此延续口语交际。例如，在三年级上册口语交际《请教》教学中，当一名学生带着未解决的问题请教全班同学时，真实的请教就发生了。

请教者：你好，我最近和我最好的朋友因为一点小事吵架了，至今没和好，好担心再这样下去就做不成朋友了，我该怎么办呢？

同桌：你可以找时间跟她好好谈一谈。

请教者：嗯，你说得对。其实我也挺想和她谈的，但是也有点不太好意思。

同桌：我以前也碰到过这样的情况，我觉得你可以准备一个小礼物送给她。

请教者：有道理，这个办法好，谢谢你！

同桌：不客气。另外，除了送小礼物给她之外，你还可以多邀请她一起玩耍，平日里也要多关心她。

师：你已经提供了送礼物这个建议了，为什么还要再提其他的建议呢？

同桌：因为他（请教者）很喜欢我的建议，我就想着把我知道的其他方法也与他分享。

师：是啊，当我们向对方积极回应，真诚表达谢意的时候，对方也会同样感到很开心呢！

请教过程中，请教的学生认真听取同桌建议，真诚肯定并感谢他的妙招。暖心的感谢更能激发助人者的热情，同桌感受到自己被认可，更愿意积极支招。在接下来的交际情境中，教师继续引导学生请教后要礼貌致谢。肯定和鼓励，高频率的互动，逐渐拉近交际对象之间的心理距离，不断加速情感渗透，无形中推进交往朝着更加积极的方向进行。

策略二：基于差异，礼貌补充

这一条策略，是建立在交际双方观点有差异的基础上。在一方表述之后，另一方真诚剖析刚才的观点或是表述的内容，或是补充对方的表述，或是提出新的想法供对方参考。人与人之间的差异天然存在，因此，在交际过程中，观念或是信息的不对称也会频繁出现。此时，学生很难理解自己与他人的不同，交际过程中就会自然而然地想要将自己的想法强加给他人。此时，教师需要及时引导，鼓励学生基于差异，礼貌补充。

1.提醒行为差异，补充关心与建议

在有差异的情况下，学生的直觉反应是指出错误，这样会严重影响对方的交际情绪并中断交际，所以，更重要的是提出关心和建议。三年级下册口语交际课《劝告》的交际要素是"让学生运用得体的语言，多从别人的角度着想进行劝告"。得体的语言，换位思考，无法通过灌输教会学生，只有借助拟真情境，入境体会，站在对方角度真心"劝告"才更易成功。例如，当师生合作演绎，学生轮流劝告"违规横穿马路"的马路"杀手"（教师饰）时，具体交往如下。

生1：阿姨，您这样横穿马路，违反了交通规则，是不对的！

师：这里没有警察，怕什么？

生2：阿姨，您这样会影响其他人走路、开车的。

师：别人关我什么事，我还有急事呢！

生3：阿姨，您这样会有生命危险的！

师：我自己的生命，我自己可以负责。

（学生暂时没话了，沉默，开始思考从其他角度进行劝告）

生4：阿姨，每天有多少因为不遵守交通规则而失去生命的人呀！您不遵守交通规则，如果失去了健康甚至生命，自己痛苦，家里人伤心，多不值得呀！

师：这样想想好像说得挺有道理的。

生5：阿姨，如果我们大家都遵守交通规则，就可以开开心心出门，平平安安回家。

师：看来，遵守交通规则还是挺重要的哦。谢谢你这么暖心提醒我。

学生在扮演劝告者角色时，一次次劝说被执拗阿姨驳回后，逐渐意识到劝告要站在对方角度思考，基于关心提出建议，更容易让人接受。在其他劝告交际情境中，学生自然而然地会根据被劝者的反馈不断反思应对方法和劝说角度，从而有礼又有理地进行劝告。

2.提示观念差异，补充祝愿与道理

在生活中，基于观点差异的交际比比皆是，但学生之间真诚的互动，可以避免伤害交际双方，能够使交往朝着更加全面或是积极的方向进行。例如，四年级口语交际《安慰》一课，在教师创设的"解忧杂货铺"情境中，提出"招收店员"的要求——学会安慰的技巧，让学生试着安慰跑步比赛摔倒后心情失落的小峰。部分学生能想到设身处地地分析原因，用暖心的语言鼓励和安慰。

生1（小徐）：小峰，别难过了。难过也无法改变结果了。

小峰：嗯，我知道了，谢谢。

生2（小陈）：小峰，你不用自责，意外没办法预知的，你已经尽力了。没有关系，我们不会怪你，相信你下次一定没问题的！

小峰：谢谢你这么理解我，我以后会更努力！

师：小峰，你更愿意接受哪位同学的安慰？为什么呢？

小峰：我喜欢小陈的安慰，感觉很暖心。他理解我的心情，还帮我分析原因。

在交际过程中，还可使用这样的话语，如，"我的想法跟你不大一样，我觉得我们还可以这样想……""你说得也有道理，但我想是不是还可以……"虽然学生与学生之间观点不同，但是能就事论事，在表达自己不同想法的同时，不用生硬的语气一味否定，仍能保持真诚，体现了口语交际的礼貌态度。

策略三：基于困惑，及时追问

这一条策略是一方表述之后，另一方对刚才的观点或是表述的内容有疑惑，或是追问或是质疑。在交际过程中，学生对内容、方法、表达等方面不清楚或不理解的地方多追问，就会有更充分的交往，从而激发学生的交际兴趣，提高学生的交际能力。

1.发现困惑主动问

发现困惑就要主动提出问题，在一来一去的互动中解决困惑，使交往顺利推进。例如，一年级下册口语交际课《打电话》，在交际应对上对学生的要求是"没听清对方的话，可以请对方重复"。教学时，教师通过压低音量或是故意干扰，让学生发现没听清楚信息，从而主动询问。又如，请一组同桌上台演绎打电话，教师在一名学生耳边轻声提醒"待会儿你把声音放低点，最好低到听不太清楚"。

生1（很轻声）：喂，小徐在吗？你明天有空吗，我们一起去踢球吧！

生2（听不清）：喂，喂，是小陈吗？我听不清楚你说的话，声音能再大点吗，能再说一遍吗？"

生1（声音放大）：小徐，是我。我邀请你明天早上踢足球，你有空吗？

生2：我听到了，好的呀，明天见。

通过这样的交际互动，教师适时出示小贴士"没听清请重复"，让学生认识到，没有听清楚的话，要主动问，让对方提高音量，重复一遍，这样才能进行有效交流。

2.提示困惑反复问

在交际过程中，对于不理解的部分应当反复追问，从而勾连起对方对生活场景的记忆，能不断提供更具体可行的建议。三年级上册《请教》一课，学生请教同桌"如何改掉经常丢三落四的毛病"，同桌提供了一种方法"用便利贴记录"，学生以为自己听懂了，"请教"就此结束。但实际上，对于使用便利贴的要求和具体方法，学生并不清楚。这既是学生交际的缺失，也是交往类口语交际得以黏合的契机。此时就需要教师及时引导学生发现困惑，再去多次追问，直到每个细节都清楚，有"惑"即"解"，让交往持续。

师（问请教者）：你真的明白如何使用便利贴了吗？有没有什么细节，需要再了解一下？

请教者：我想知道我该怎么使用便利贴呢？

同桌：你可以把今天要做的事情及时写在便利贴上。

请教者：好的，这是个好办法，谢谢你。

请教者：便利贴贴在哪里比较好呢？我怕我连这事都记不住呢！

同桌：我平时会贴在铅笔盒或者练习本这些每天都会翻看的物品上，一般写作业时都会看一下的，就不太会忘记了。

请教者：哦，这倒是挺好的点子。那这种便利贴，你是哪里买来的呢？

同桌：一般超市里都有的，你可以去挑选自己喜欢的。

请教者：实在太感谢你了，我一定要去试试，争取早日改掉这个小毛病。

连续追问时，还可以这样说，如，"你的意思是不是这样……""这里我不怎么理解，你能再教教我吗？"这样的互动，能够缓和矛盾，同时也能够使交往朝着更加积极的方向进行。

除了以上三条基于交际内容做出回应的交际策略，在开展交往类口语交际时，共情是交际的基础。无论是交谈、请教还是劝告，都需要更多站在对方的角度思考并解决问题。交际中，无论观点是否一致，理解的眼神、温暖的手势、轻柔舒缓的语调，都能让对方感受到真诚和情谊，保障交往互动的顺利进行。这也是交往类口语交际中最为重要的一条交际策略，也是贯穿始终的交际策略。

小学语文交往类口语交际教学要择高处立，向宽处行。通过学习黏合式的口语交际策略，学生乐于交往，在潜移默化中增进情感，从而达到真诚自然交往的目的。

实践案例一：《走进他们的童年岁月》

微信扫码
即可下载该课课件

《走进他们的童年岁月》是一篇有"交往"功能的口语交际，学生通过访谈身边的大人，了解大人的童年故事，从而与大人拉近情感的距离。

本则口语交际的教学内容由四部分组成。一是导语，引导学生明确本次口语交际要了解的对象是身边的"大人"，既包括祖辈和父辈，也包括男性和女性，因此教材提示学生"针对不同的对象，列出问题清单"。二是问题清单示例和提示："可以从不同方面提问，也可以围绕一个话题提出多个问题"，引导学生根据采访对象和自身需求设计合适的问题。三是交际要求，提示学生在采访中"要认真、耐心地听别人讲话，一边听一边做简要的记录，不要随意打断别人，不明白的地方或感兴趣的内容可以适当追问"。四是交际提示，以"小贴士"的方式提醒学生整理采访记录并和同学分享了解到的情况和感受，做到"认真倾听，交流时边听边记录"和"根据整理的记录有条理地表达"。由此可见，本则口语交际包括三个阶段：学习采访—实施采访—整理介绍。前两个阶段承载着本则口语交际的功能属性，是本次学习的重中之重，也是笔者本文论述的重点内容。

本则口语交际安排在"忆童年"单元主题下，可谓是联结书本和生活的桥梁。学生初学访谈大人，离不开采访必备的"条理有序"和

"自然真诚"。笔者基于教材和学情，将"理"和"情"融入学生的实践，以期实现教学价值的最大化。

一、教学主张：不可或缺的"理"和"情"

走进大人的童年岁月，体味岁月留香的美好情感，能增进了解，加深感情。但初学者往往未必知晓采访所需的"条理有序"和"自然真诚"。

1.采访应有"理"，以"理"服人

访谈大人的童年所需的"条理有序"，具体指学生向受访者设计提问并与之访谈互动的顺序与条理，包括学生的内在想法和外在言语的层次，以使采访顺利开展并适时收束。

采访者如果失去应有的"条理有序"，一味东拉西扯，会使受访者把握不住采访意图，难以给出有意思的故事，最终降低交往的质量。事实上，学生曾经学过相关的能力：一年级"注意听别人说话；说话的时候看着对方的眼睛；使用礼貌用语"。二年级"没听清楚时，可以请对方重复；说话的语气不要太生硬"。三年级"有礼貌地向别人请教，不清楚的地方及时追问"。四年级"借助语调、手势表达情感"。本次交际在提问、回应等方面对学生提出了更高要求。

2.采访须有"情"，以"情"动人

访谈大人的童年所需的"自然真诚"，具体指学生真心实意地向受访者提问并认真、耐心地倾听，边听边做简要记录，其间不随意打断受访者，只在不明白或感兴趣的地方适当追问，以沉淀情感。

采访者如果缺失应有的"自然真诚"，只顾生硬地提问或随意地记录，会使受访者兴趣寡淡，乃至哑然失语，采访难以深入，最终削弱交往的品质。事实上，学生对大人的成长很有好奇心，渴望走进他们的童年岁月，在真情互动中有所感知，有所触动。一旦彼此打开心扉真情交流，整个采访将更富感染力。

而教科书编者基于学情基础，在单元人文主题背景下设置"访谈大人"的口语交际实践，意在让五年级学生开启一次对身边大人童年时光的探秘之旅，亲历一次有"理"有"情"的生命对话，开展一次别开生面的言语交往。

二、初教反思：亟待融合的"理"和"情"

初教时，学生未能意识到思路清晰与情感投入的重要性，致使采访中出现条理欠缺、情感疏离现象，整体效果不尽如人意。

1.未凸显条理，只是随性地提问

一是未能精准预设问题。很多学生只是简单照搬教材的问题清单，随意选择大人简单提问了事。殊不知，教材的问题清单只是示例，需要学生根据意向采访的对象进行个性化的问题设计，把问题问在自己的兴趣点上，也问到受访者的心里。

二是未能分类提出问题。很多学生只是随心所欲地向大人提一些问题，不知道可以按一定的类别进行针对性提问，致使所提的问题听起来凌乱而琐碎，甚至有所重复，受访者不得不疲于应付，整个访问好似双方漫不经心的东拉西扯。

2.未倾注真诚，只是刻板地访问

一是未能精心营造氛围。有的学生丝毫不考虑采访的时机，导致大人不能全情投入采访，只是疲于应付提问。殊不知，大人未必有充裕的精力接受采访，也未必愿意和盘托出，需要学生适当营造"场景"，包括环境烘托和心理氛围的营造。

二是未能专心承接话题。有的学生只是一味地听，并无任何记录，白白流失了要点；有的学生只顾埋头记录，未在疑惑处和兴趣点适当追问，缺失深度理解。殊不知，本课对学生认真倾听、简要记录、适当追问等交际品质提出了更高要求。

3.未灵活应变，只是生硬地采访

一是未能相机呼应情感。很多学生不会感应受访者，当对方有所回避时，却一再追问；当对方渴望回应时，却默默无语；当对方滔滔不绝地讲述时，却无动于衷。殊不知，好的采访需要真情互动，需要随机应变，否则难免显得干瘪乏味。

二是未能及时表达感激。学生往往只是简单地以一声"谢谢"匆匆收场，不会随机小结以示感激，也不会推己及人有感而发，致使采访生硬收束，缺少同频共振与情感升华。殊不知，受访者往往投入了真心真意，渴望采访者能有所感言。

三、改进成效：自然融合的"理"和"情"

采访是一个时时互动的动态过程：双方通过言语交流、思维碰撞达到相互感知、相互理解。基于此，笔者在施教时着力为学生的口语交际活动塑造一个个"信息场域"，适时开通一个个"情感渠道"，努力实现交际双方的真诚交往。

（一）清单设计重"理"，交往更有广度

为使每个学生都能在实践中打开话匣子，实现有话想问、有话想说，教师在课上向全班坦言自己出生于20世纪80年代初，与其父母年龄相仿、经历相似，又不乏个性，近日正追忆童年，诚邀大家尽情采访。教师还引导学生在小组内探究：如何提问可使老师畅所欲言又令大家喜闻乐见，从而使问题的预设与呈现更为妥帖。

1.拓宽话题，使提问更有方向

研读教材的问题清单时，教师有意引发学生的思辨："今天大家采访老师，只能依样画葫芦，选择其中一份清单的样式吗？"学生的思维火花瞬间被激发。

"可以先用清单一来拉近和您的距离，再用清单二做某个专题采访。"

"可以每人想一个特想了解的问题，也可以问大家都感兴趣的话题。"

我含笑启发："四十多位同学都想问，如何使老师乐于说、让大家乐于听？"

"根据老师童年最难忘的人和事，采访老师的'最童年'。"

"按类别分组，每个小组申领一个子话题，不重复提问。"

改进之后，学生的提问从"泛泛而谈"到"明确具体"，乃至问得精准到位。

2.厘清顺序，使访问更有条理

教师播放了初教时拍摄的一段学生访谈视频，其中有优点，也有不足之处，请全班议一议该生在访谈中向受访者提问的表现。学生有的点赞，有的提出建议，还有的结合自己观看电视访谈节目的经验，纷纷汇聚"让访问更有条理"的妙招。

"用顺序词连接想问的问题：第一，第二，第三……很有条理。"

"我们可以用表格或思维导图列好想提的问题，标好先后顺序。"

"采访的开场白要简洁，问题与问题之间的过渡也要简洁一些。"

"组内分好采访员、观察员、记录员、协调员，避免顾此失彼。"

改进之后，学生的访谈从"随心提问"到"有条不紊"，乃至问得井井有条。

3.备注感言，使采访更有中心

在教材"和同学分享了解到的情况和感受"的任务驱动下，教师提醒学生在问题清单中添加一栏"采访的感受"，根据学生的需要，相继出示三份简要的"采访手记"，引导学生用三言两语备注点滴感悟，及时留存采访中弥足珍贵的收获。

"许多的像老师一样'80后'，童年生活虽然贫困，但实在是趣味无穷！"

"今天的采访让我明白了要感恩我们的父母，好好珍惜现在的生活。"

"'每个人都有他自己的童年往事，快乐也好，心酸也罢，对于他都是心动神移的最深刻的记忆。'通过采访老师，我们对冰心的这句话有了更深刻的理解。"

改进之后，学生的采访从"一味提问"到"心有所感"，乃至讲得入情入理。

（二）访谈互动重"情"，交往更有温度

采访大人的童年岁月，需要彼此之间的真诚互动，更需要学生的全情投入。为了激发学生的情感，教师在受访时有意运用富有情感变化的语言和相应的表情、手势等，不断引发学生的理解与好奇、欣赏或质疑，使交际更加真诚。

1.肯定中及时补充，表达认同

双方互动访谈中，教师会引导学生在我诚意表述之后及时、恰当地肯定或鼓励所听到的内容，从而使彼此之间心情愉悦，使交往朝着更加深远的方向迈进。

课堂上，小组代表采访我童年的课余生活，我绘声绘色地讲述着跳橡皮筋、弹弹珠、跟哥哥捉鱼、钓黄鳝的难忘经历，学生听得意犹未尽，啧啧称赞："您小时候有这么多的空闲时间，有这么丰富的课余生活，真的是无忧无虑啊！"

有的小组合计着在采访我童年的趣事之后，继续采访我童年的"糗事"，我哂笑着择一分享，不忘叮嘱学生帮我保守小秘密。学生乐不可支，还贴心地说："王老师，谢谢您的坦诚相告，原来您小时候和我们一样调皮，童年就是自由自在、随心所欲的，我们从心底里更亲近您、更喜欢您了。"

正是这样的互动，使彼此之间的言语交往走向毫无戒备、轻松愉

悦的新境界。

2.疑惑时主动提问，扩展新知

接受学生采访时，教师会引导学生在对我表述的内容存有疑惑或难以理解时，及时向教师提问，还会在学生表现费解之时稍做停顿，鼓励其发问，以消除疑惑。

当访谈到"80后农村孩童的劳动生活"这一话题时，男生俊听到我小时候每天照例要帮家里割两大篮草喂兔子、喂羊，按捺不住心中的疑问："您小时候家里养那么多兔子和羊干什么？"我说："大家不妨猜猜看！"全班的话匣子打开了。"那时，大人从兔子和羊身上剪下毛来，可以卖一笔钱，能增加家庭收入。""那时家家都养很多鸡鸭鹅，每天可以收蛋，过年可以卖掉，还可以当年货。"在倾听与交流中，师生之间的距离拉近了，学生对劳动致富的理解也加深了。

正是这样的互动，使彼此之间的言语交往进入开阔视野、增进情感的新天地。

3.感动时真诚剖析，表达看法

在倾听中，学生除了忍俊不禁或捧腹大笑，有时会有所触动，教师便引导学生真诚地剖析表述的内容，并鼓励其勇于说出新想法，以加强双方的互动。

在交流"童年梦想"的话题中，我坦言自己小时候虽然家境贫寒，却因一点点成绩就立下了当作家这个不知天高地厚的宏愿，摇头感叹："我小时候真是太穷了，也太没有自知之明了！"学生们或宽慰、或质疑、或鼓励，纷纷提出各自的观点。有的说："您小时候虽然家里穷，但能自己动脑筋做出各种小玩具，说明您的动手实践能力很强啊！"有的说："您从小就会带着大家一起玩，还会编出广为传唱的童谣，说明您从小就有领导力，有才华！""虽然您没实现当作家的梦想，但您成了语文老师，我们都爱语文课，这就相当于您实现了作家梦！"

正是这样的互动，使彼此之间的言语交往达到传情达意、沟通心灵的新高度。

（三）互评合乎"情理"，交往更有深度

学习采访不是一蹴而就的事，课上的尝试只是开端，课后的实践才更具挑战。为使学生真正学以致用，教师重视依托师生之间、生生之间的即时评价，引导学生为下次采访总结一些经验，从而提高其提问、倾听、追问等采访能力。

1.自评追寻"理性"，使交往更精准

对于提问的评价，教师引导学生说说所提的问题是否符合受访者的特点且易于回答。例如，"我有没有问出有意思或有意义的东西？我的采访是否达到了预期效果？"对于倾听的评价，我引导学生考量自己的认真和耐心，是否记录了要点、疑点和兴趣点。对于追问的评价，教师引导学生反思有关内容是否与话题关系紧密。

2.互评探究"情味"，使交往更走心

除了引导学生反思提问的开放度和精准度外，教师还应重视引导学生基于观察，互相评议采访者在访谈中提问、倾听、询问、质疑

等话语是否能让对方乐于回应。例如，"他的提问让老师舒服吗？过渡语是否恰当？""谁的访问让老师滔滔不绝地分享？"学生各抒己见，对采访的领悟更深刻："我知道了要注意观察对方的表情，不轻易触发对方的伤感，可以多问一些让大人快乐的问题。"

确实，学生在有理、有情的言语互动中实现了与人大方、得体的交往，而这本身就是走向自然真诚的实践过程。

由实践可知，在《走进他们的童年岁月》这一口语交际过程中，教师对学生言语交往的条理性和情感维度的关注，加强了学生对外部世界的了解，加深了与身边大人的情感联结，拓展了自己思维的广度和深度，使采访更有"理"，使交往更有"情"。教师只有不断地致力于每个学生专注倾听、礼貌应对、有序表达、移情体验、真情沟通等口语交际良好品质的用心培养，才能切实助力学生乐于交往、善于倾听、敢于表达，逐步达到"言之有文，行而能远"的美好境界。

（王芳　李秀蕾）

实践案例二：《打电话》

【教材分析】

《打电话》是统编教材小学语文一年级下册第五单元中的口语交际。电话是口语交际的媒介之一，通话双方在电话中频频互动，开展以交往为目的的口语交际，实现以言促情。

在《打电话》之前，统编教材安排了四次交往类的口语交际，

内容为：《我说你做》《我们做朋友》《用多大的声音》《请你帮个忙》，这四次口语交际都强调了"说清楚""听明白"的交际目标。因此，在本次口语交际中，不仅要继续关注"大声说，让别人听得见""注意听别人说话""使用礼貌用语"等良好的交际习惯与态度，让学生实践最基本的人际交往原则"尊重他人"，还要训练学生认真倾听，"没听清时，可以请对方重复"，也就是初步学习应对和表达诉求的交际能力。

　　本次口语交际内容主要分为四个部分，各部分之间各有侧重，较完整地呈现了口语交际课所需要的元素。一是交际经验。本篇口语交际一开始就提了两个问题，"你打过电话吗？""应该怎样打电话呢？"借此唤起学生已有的生活经验。二是交际范例。口语交际的第二部分图文并茂地呈现了李中与张阳妈妈打电话的情景，为学生的交际提供了范例，让学生知道打电话包括"打电话"和"接电话"两个方面。三是交际情境。口语交际的第三部分提供了三个熟悉的日常生活情境，让学生练习模拟打电话。其中"打电话约同学踢球""打电话向老师请假"都属于"打电话"的口语交际，第三个生活情境"有一个叔叔打电话找爸爸，但是爸爸不在家"属于"接电话"的范畴。四是交际提示。本篇口语交际提供了两个学习小贴士，提示了本次口语交际的方法，也是本次口语交际的能力目标——"给别人打电话时，要先说自己是谁""没听清时，可以请对方重复"。

【教学目标】

（1）通过情境学习、演练，学生逐步做到给别人打电话时有礼貌，能先介绍自己。

（2）打电话时，学生养成认真倾听的好习惯。在没听清时，学生能主动要求对方重复。

（3）在生活化的交际情境中，学生灵活运用习得的交际策略，通过打电话尝试与人友好交往。

【教学准备】

多媒体课件、课文情境微课、板贴

【教学过程】

一、情境导入，唤醒交往经验

（1）课前问好，老师接听电话。

（2）模拟情境：（电话铃声突然响起）王老师打电话通知上课老师明天上午9点到教育局三楼开会。

您好，请问您是哪位？哦，王老师啊，您找我有什么事吗？明天上午9点到教育局三楼开会。好的，我记住了。谢谢您，再见！

（3）回顾交流电话内容。

（4）交流生活中打电话的经验，小结打电话的步骤。

第一步，先拨电话号码。

第二步，等接通电话后，告诉对方自己是谁。

第三步，说清楚自己打电话来的目的。

（5）揭示课题，板书课题。

【设计意图：恰当的情境引入，能起到激趣、唤醒的作用。通过

"老师上课接电话"这一真实情境，把生活搬入课堂，唤醒学生生活经验，吸引学生的注意力，并梳理出打电话的基本步骤，给予学生明确清晰的指引。】

二、情境学习，发现交往方法

（1）出示教材情境：李中打电话找张阳，张阳妈妈接听了电话。

课件播放微课：张阳妈妈和李中的对话。

张阳妈妈：喂，你好。请问你找谁？

李中：阿姨，您好。我是张阳的同学李中。请问张阳在家吗？

张阳的妈妈：他在家。你稍等一下，我叫他。

李中：谢谢。

（2）交流：李中和张阳的妈妈是怎样打电话的？

预设一：说清楚，听明白。

①交流内容。

②梳理要点。打电话的时候，要像李中和张阳妈妈一样，说得清清楚楚，别人才能听得明明白白。（板贴：说清楚，听明白）

预设二：有礼貌。

①交流发现，打电话时要有礼貌。（课件标红："你好""您好""请""谢谢"）

②复习链接《请你帮个忙》中学过的礼貌用语。（课件出示："请""请问""您""您好""谢谢""不客气"。）（板贴：有礼貌）

预设三：要先说自己是谁。

①除了有礼貌，打电话时要先说些什么？

预设：打电话还要告诉别人自己是谁。（板贴：先介绍 ）

②电话里该怎么介绍自己？

李中为什么不直接向阿姨介绍"我是李中"，而要说"我是张阳的同学李中"？

③小结：如果电话那头是熟人，只要介绍自己的名字就好；如果是不太熟悉的人，要记得在名字前加上自己的身份。

熟人：直接介绍名字。

不熟：身份+名字。

（补充板贴：身份、姓名）

④尝试介绍自己。

如果你打电话给我，你会怎么介绍自己？如果打给隔壁班王老师呢？

【设计意图：任何一种技巧的传授，往往是从示范开始的。本环节充分利用教材资源，将李中和张阳妈妈的两组图文对话，通过微课的形式，转化成有真实氛围的口语信息，引导学生交流讨论后，梳理出打电话与人交往的方法以及注意事项，整个过程完整、流畅。】

三、情境整合，提升交往能力

（一）打邀请电话，说清事情

1.生活场景一：李中打电话约张阳踢球

张阳听到妈妈叫他，从自己的房间里走出来，来到电话机旁。他们会怎么通电话？

2.同桌练习，模拟交际

同桌一人扮演李中，一人扮演张阳，打这个电话。

展示预设：邀请一对没有说清楚时间、地点的同桌。

张阳：喂，你好！

李中：张阳，我是李中。周末有空吗？我们一起去踢球吧！

张阳：好啊，到时候见，再见！

李中：再见！

（1）同学互评，发现问题。

从"说清楚、听明白、问声好、有礼貌、介绍自己"几个维度进行评价。

问题：没说清楚踢球的具体时间、地点。

（2）小结：邀请别人要说清楚时间、地点、事情。

3.再次展示，交流评价

预设一：电话邀约，说清楚。

（1）师生交际，情境模拟。

（2）评价：这次把时间、地点、事情都说清楚了。

预设二：电话拒绝，说理由。

（1）同桌互动，巧设障碍。可是周末是奶奶的生日，张阳得去给奶奶庆祝生日，这可怎么办？

（2）礼貌拒绝，说明理由。

小结：如果有事不能接受对方邀请，一定要把理由说清楚，对方会理解你的。

（二）打请假电话，明确要点

1.生活场景二：李中打电话向老师请假

真是不巧，李中踢球的时候，一不小心把脚扭伤了，得向老师请假一天，这请假电话该怎么打呢？

2.师生合作打电话

预设：

师：喂，你好！请问你是谁？

生：老师您好，我是李中。

师：李中呀，你有什么事吗？

生：老师，我昨天踢球的时候扭伤了脚，要跟您请一天假。

师：喂？不好意思，刚才信号不好，我没听清，你可以再讲一遍吗？

生：好的。我昨天踢球脚受伤了，能不能向您请一天假？

师：哦，可以的。那你在家要注意安全，祝你早日康复！

生：好的，老师再见！

师：再见！

3.交流评价，发现秘诀

预设一：说清楚请假原因和时间。

预设二：老师在没有听清楚的时候，请李中再说一遍。

（板贴：没听清，请重复）

（三）接听电话，灵活应对

1.生活场景三：有一个叔叔打电话找爸爸，但是爸爸不在家李中受伤只能待在家。这时，家里的电话响了，是谁打来的呢？

2.四人小组合作练习

（1）先讨论爸爸不在家时，接电话时该如何应对？

（2）两人扮演李中和叔叔打电话，另外两人做小评委。

3.小组展示

4.小结

如果事情不急，可以让叔叔过一会儿再打来，也可以让叔叔留下电话号码，等爸爸回来给他回个电话。如果事情比较急，请叔叔说明事情，你代为转达。

5.生扮演李中，师扮演李中爸爸，听李中转述电话内容

6.儿歌小结

我会打电话

打电话，先拨号。

问声好，把名报。

说清楚，听明白。

没听清，请重复。

人不在，须转告。

道再见，有礼貌。

【设计意图：教材提供的三个情境，与学生日常生活密切相关，能唤醒他们的生活体验，让他们有话可说，有话想说。将三个情境整合成一个整体情境，情境便具有了延续性。学生在角色转换间、在多向互动中，真实地演练拨打邀请电话、请假电话和接电话。在一次又

一次的交际实践中，不断感受、反思、总结和提高，积累打电话与人交往的经验。最后以儿歌的形式归纳总结，便于学生记忆、运用。】

四、情境演练，评选交往达人

（一）布置任务

（1）打电话慰问受伤的李中。

（2）有一个阿姨打电话找妈妈明天去逛街，妈妈不在家，阿姨请你转告妈妈。

（3）放学回家的路上，看到有一位老奶奶晕倒了，你需要打120急救电话。

（二）抽取任务

请每四人小组组长来抽取一个任务。

（三）挑战任务

（1）四人小组自主合作，根据抽取的任务内容练习打电话。

（2）上台展示，评选"交往达人"。

（3）教师小结：电话的作用真大呀！生活中，很多情况都需要打电话，遇到意外情况，还可以打紧急救助电话。比如，急救电话120、火警电话119、报警电话110等，打这些特殊电话时，一定要快速把地点、事情说清楚。

【设计意图：口语交际应从课堂出发，走向生活。本环节设计了不同的情境任务，通过四人小组抽取任务的形式，让更多学生进行打电话的生活实践，既巩固了学生打电话与人交往的能力，同时也让学

生感受到掌握打电话技巧，可以解决生活中的一些问题，进一步提升交际能力。】

五、情境回顾，延续交往效应

（1）呼应开头情境：（电话铃声突然响起）帮老师接听王老师打来的电话。

（2）转告电话内容：王老师说，因为特殊原因，会议临时取消了，开会时间另行通知。

（3）互动点评。

【设计意图：本环节和开头的情境相呼应，将情境教学一以贯之。让学生现场帮老师接听电话，活学活用，既能巩固本课所学，真实地演练接打电话（图2-1），也使本课有了更强的设计感。】

【板书设计】

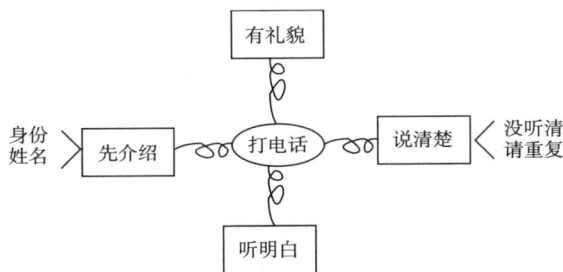

图2-1 我会打电话

我会打电话

打电话，先拨号。

问声好，把名报。

说清楚，听明白。

没听清，请重复。

人不在，须转告。

道再见，有礼貌。

【教学评析】

口语交际打电话与生活关联度高，具有较强的生活性、实践性、互动性。在这种学生已经熟悉又有经验的交际形式中，如何选择贴近生活的话题，采用灵活的形式组织教学，培养学生的口语交际能力？本堂课，采用情境教学策略，紧扣教材，结合生活，关照学生，在一个个生动且有层次的交际活动中，引导学生学习交往的方法，积累交往经验，切实提高口语交际能力。

1.情境紧贴生活，触发真诚交往

口语交际应尽可能地创设生活化的交际情境，消除学生的陌生感，引发学生的交际共鸣，让学生体验各种场合的交际行为，从而学会与人真诚交往。引入话题时，适时植入生活场景"现场接听电话"，增强学生真实体验，激活已有的生活经验。微课营造的模拟情境，将教材中图文形式的交际范例转变成鲜活的生活场景，让学生更直观地投入其中。教材提供的三个交际场景——"约同学踢球""向老师请假""接听电话"，也都是日常生活中常见的，学生在生活化的交际情境中，逐步积累交往经验。最后，通过体验式情境，将所学的交际技能运用于生活实际，演练接打各类电话，包括紧急电话。从情境的引入到情境的延伸，形成一条完整的生活情境链，把交际情境与生活紧密联系起来，激发学生表达的欲望。

2.情境演绎生活，呈现自然交往

为了让学生应对真实而不确定的生活，口语交际的情境演绎也应模仿生活，呈现真实而复杂的情境。首先，本堂课，教师把教材提供的三个生活场景，整合成一个由易到难、逐渐递进的延续性情境，学生通过层层深入的情境，交际动机不断强化，在一次次的演练、交流、发现中，逐步领悟打电话与人交往的要领。再者，在提升交往能力后，及时巩固迁移。根据学生生活实际和能力水平，设置三个任务情境，学生在举一反三中，不断巩固打电话交往技能。

现实生活是复杂的，不确定的。在动态的交际过程中，不可能一帆风顺，存在一定的随机性，可采用黏合式的交际策略，培养学生的应对能力。如，打邀约电话，对方没说清楚具体时间、地点，应及时追问，明确要点；如有事无法按时赴约，应该礼貌拒绝，表达尊重；如遇电话没听清，可以请对方重复一遍。总之，应基于对方的交际内容，采取合适的交际策略，从而推进会话，使交往自然真实。

3.情境回归生活，切于实用交往

"让学生在真实的交际情境中完成有实际意义的交际任务，对他们的日常生活有较强的指导意义。"课堂口语交际的最终目的是让学生从课堂走向生活，从学到练，最后回归日常生活的运用，帮助学生更好地解决生活问题。

课前，通过"上课老师现场接听电话"这一真实场景，将生活直接"搬入"课堂，让学生身临其境，唤醒打电话的交往经验。课中，通过一次次的演练，学生对于打电话与人交际，已是"有章可循，有样可学"。通过抽取任务，学会接打日常生活中的各类电话，把口语交际中学到的原则和方法直接运用于生活。课末，现学现用，上课老师请学生帮忙接听王老师打来的电话，并进行转述。此情境与课始的情境首尾呼应，在真实的接打电话情境中，学生把学到的技能转化成能力。口语交际情境从生活中来，又回归到生活情境中，始终坚守"切于实用"的价值追求。

（叶露艳　李秀蕾）

第二节
宣传类口语交际的教学研究与实践案例

交往类口语交际以图片文字素材为交际话题，以清楚生动为交际风格。因此，在教学实践中，交际情境的设置和交际策略的选择都要符合宣传类口语交际的两个特质。

教学研究一：打造"展台化情境"

展台化的情境是一种模拟聚光灯下的情境，是能充分展现学生语言表达能力的交际语境。

一、展台化情境的重要性及类型

针对宣传类口语交际，教材提供了两种情境创设建议，分别是生活现场情境和主题活动情境。这两种情境都能呈现出展台化的风格。具体见表2-2。

表2-2　宣传类口语交际的情境设置列表

册别	交际主题	教材提供的资料与话题	情境类型
一（上）	小兔运南瓜	资料：《小兔运南瓜》连环画 话题：①小兔可以用哪些方法把南瓜运回家？②你喜欢哪种方法？为什么	主题活动
一（下）	听故事讲故事	资料：《老鼠嫁女》连环画 话题：听老师讲故事，然后自己讲讲这个故事	主题活动
一（下）	一起做游戏	资料：生活中的游戏场景 话题：邀请小伙伴玩游戏，介绍游戏的玩法	生活现场
二（上）	有趣的动物	资料：喜欢的动物的资料 话题：你喜欢哪种动物？它有趣在哪儿	主题活动
二（上）	做手工	资料：自己做的一件手工作品 话题：你做的是什么，是怎么做的	生活现场 主题活动
二（上）	看图讲故事	资料：《父与子》连环画 话题：①看图，讲一讲这个故事；②想一想，这个故事接下来会怎样	主题活动
二（下）	长大以后做什么	资料：自己的愿望 话题：①长大以后想做什么？为什么？②问一问同学的愿望是什么	主题活动
二（下）	推荐一部动画片	资料：喜欢的一部动画片 话题：这部动画片给你留下了怎样的印象，也可以讲讲最吸引你的人物或片段	主题活动
三（上）	我的暑假生活	资料：自己的暑假生活（相关图片或实物） 话题：这个暑假经历了哪些新鲜事？把经历讲清楚	主题活动

册别	交际主题	教材提供的资料与话题	情境类型
三（上）	名字里的故事	资料：自己名字里的故事，其他有关名字的资料 话题：①你知道自己的名字有什么含义吗？②和同学交流名字的含义或来历；③给家里人说说，你知道了哪些新鲜事	主题活动
	身边的"小事"	资料：四幅生活图景（小事），身边类似的"小事" 话题：和小组同学交流你发现的令人感到温暖的行为或是不文明的行为，再谈谈你对这些行为的看法	主题活动
三（下）	趣味故事会	资料：喜欢的一个故事 话题：组织"趣味故事会"，讲讲有趣的故事	主题活动
四（上）	讲历史人物故事	资料：喜欢的历史人物故事 话题：①选择一个最喜欢的历史人物故事，讲给同学听；②问问同学是否喜欢，有没有听明白，有什么建议	主题活动
四（下）	说新闻	资料：感兴趣的一则新闻 话题：选一则感兴趣的新闻和同学交流，还可以说说自己对这则新闻的看法	主题活动
	自我介绍	资料：自我介绍 话题：①选择或者创设一个情境，试着作自我介绍；②和同学交流，看看有什么需要改进的地方	生活现场
五（上）	讲民间故事	资料：喜欢的一个民间故事 话题：开个民间故事会，轮流讲故事	主题活动
	父母之爱	资料：三个事例以及生活中的类似事例 话题：①你怎么看待以上事例中爸爸妈妈的做法？②生活中遇到类似的事情时，你是怎么想的，又是怎么做的	生活现场

册别	交际主题	教材提供的资料与话题	情境类型
五（上）	我最喜欢的人物形象	资料：最喜欢的人物形象 话题：举办一次"我最喜欢的人物形象"交流会，将自己喜欢的文学或影视作品中的人物介绍给大家	主题活动
五（下）	走进他们的童年岁月	资料：采访后获得的大人们的童年岁月和童年故事 话题：整理你的记录，和同学分享你了解到的情况和你的感受	主题活动
	我是小小讲解员	资料：某处场馆的相关资料 话题：选择一个情景，做一名小小讲解员	生活现场
	我们都来讲笑话	资料：收集一些笑话 话题：组织一次笑话大会，全班同学一起乐一乐	主题活动
六（上）	演讲	资料：演讲稿 话题：在班上开展一次演讲活动	主题活动
	请你支持我	资料：四个任务 话题：选择一个人物，试着说服别人支持你	生活现场
	聊聊书法	资料：关于书法的资料（相关图片、实物） 话题：①你知道我国古代有哪些著名的书法家？你知道他们的哪些故事？②你参观过书法作品展览吗？你欣赏哪些人的作品？③你学习过书法吗？在这一过程中，有什么特别的感受？④你认为练习书法有什么益处	主题活动
六（下）	同读一本书	资料：班内同读的一本书 话题：①选择一两个话题开展深入交流；②分享交流之后，说说你对这本书有哪些新的想法	主题活动
	即兴发言	资料：临时打腹稿 话题：班里事先准备一些即兴发言的题目，抽签后即兴发言	生活现场

册别	交际主题	教材提供的资料与话题	情境类型
六（下）	辩论	资料：针对辩题搜集资料 话题：开一次辩论会，选一个话题进行辩论	主题活动

除了教材提供的情境有展台化的风格，宣传类口语交际的素材和话题，也需要展台来呈现。因为宣传类口语交际多使用图文资料类话题，是需要经过一定酝酿或准备的交际。交际所借助的图文资料，或是教材已经提供，或是学生课外准备，或是学生临时调动记忆储备。例如，三年级上册口语交际《名字里的故事》中，学生需要事先向家长或是通过工具书了解关于自己的名字的信息……这些都需要一个相对完整的时间和空间进行充分的讲述、复述，因此，教师在组织教学时，可以设置一个小舞台、小展台，划分出一个小空间，营造出宣传的氛围，让交际主体以"主讲"的身份展开交际，帮助其扩大交际范围，提升交际效果。例如，在教学五年级下册口语交际《我是小小讲解员》时，教师就可以用场馆的图片做背景，让参与讲解的学生佩戴好讲解用的小话筒，还可以安排几名"观众"围绕在讲解员身边，形成特殊的"小展台"，让参与讲解的学生产生身临其境之感。

二、展台化情境的应用缺陷

宣传类口语交际的语用目的以宣传为主，交际的双方一个侧重单向输出（说），一个侧重单向输入（听），形式比较单一，交际过程中的互动没有交往类口语交际那么明显。因此，很多教师在进行宣传类口语交际教学时，往往会忽视展台化交际情境的创设，变成以学生言语单向输出为主的纯粹的听说训练课。具体有以下三种缺陷。

缺陷一：为说而说，缺少内在动机

只是为了完成教材中的训练内容，教师直接抛出话题，提出要求，告诉学生怎么说，甚至以记下要点的形式进行填空式的"听说"知识灌输和"听说"技能训练，过程机械，学生不能进入真实情境。在这种过程中，学生既不明确具体的宣传动机，又未能置身于真实的宣传情境，进入有效的交际场景，宣传目的不明确，宣传兴趣未被激发，直接影响宣传表达的效果。

缺陷二：单向输出，缺少互动交流

把宣传类口语交际课直接上成独白式口语交际课，整个过程偏向于学生的独白口语练习，着重单向的语言传递，只对说的一方提出表达的要求和指导，至于听的一方该怎么回应，说的一方又该怎么结合听者的回应作出调整等都被忽略，听说双方缺少互动。有些教师甚至把此类口语交际课上成习作指导课，把学生的口头表达当成作文来指导。

缺陷三：程式指导，缺少场域建设

以教师提问，学生回答的形式推进教学，宣传的过程被一个个问题切割成一个个具体任务，然后再叠加起来，师生间、生生间缺少自然、和谐、温馨、愉悦的交际"场"，学生未能在真实具体的情境中承担有实际意义的交际任务。

三、展台化情境的推进策略

2022版课程标准反复提及"在真实的语言运用情境中，通过积极的语言实践，积累语言经验，体会语言文字的特点和运用规律，培养语言文字运用能力……""具有正确、规范运用语言文字的意识和能力，能在具体语言情境中有效交流沟通……""创设真实而富有意义的学习情境，凸显语文学习的实践性……"[6]显然，交际情境需要具备三个特质——真实、具体、有意义，即交际情境的来源要真实，交际情境的内容要具体，交际情境的应用去向要有意义。展台化的交际情境，就兼具了这三种特质。

策略一：设计话题，激发宣传动机

实践证明，要想让学生"说"得好，就必须让他们有说的兴趣，有表达的内驱力。在宣传类口语交际中，学生宣传表达内驱力的诱发，需要借助具体的话题来实现。话题的引出，有时候可以直接使用教材提供的情境资源，如一年级下册口语交际《一起做游戏》中的"邀请小伙伴玩游戏吧"这样的生活现场情境，或是五年级上册口语交际《讲民间故事》中的"开个民间故事会"这样的主题活动情境。有时候，我们也可以结合教材资源，再设计一个情境来引出话题，让学生在具体的语境中明白宣传动机，实现"要我宣传"到"我要宣传"的转变，从而最大限度地激发他们的宣传兴趣。

1.截取生活现场汲取话题

学生口语交际的核心是为生活交流服务，而口语交际的训练，同样应该从生活中来。在学生的日常生活中，就藏着丰富的口语交际素材，宣传类口语交际话题的引出，也要重视与生活实际联系起来，从现实生活中汲取素材。

例如，在进行四年级下册口语交际《自我介绍》的教学时，教师可截取"转学进入新班级""应聘学校理事会""去地铁站接人""上电视台参加《我是歌手》节目""应聘校报记者"等生活现场，把学生带入真实的情境，从而引出宣传话题。

又如，在二年级下册口语交际《长大以后做什么》的教学中，教师结合学校"小眼睛电视台"活动，在课始以"邀请小朋友去小眼睛电视台梦想剧场谈理想"为交际话题，激发学生宣传表达的兴趣和欲望。

2.开展主题活动产生话题

由于宣传类口语交际以单项的言语输出为主，形式相对比较单一，设计恰当的活动情境引出话题，以任务驱动的方式引发学生的自主表达就显得十分重要。例如，进行"自我介绍"时，就可以设计"找朋友"活动，让学生通过倾听同学的自我介绍，寻找情趣相投的好朋友。在五年级上册口语交际《我最喜欢的人物形象》教学中，教师通过"最喜欢的人物形象推荐会"活动的展开，创设交际语境，激发推荐兴趣。在二年级上册口语交际《做手工》教学中，教师可以在课前开展"手工节"或"手工作品展览会"等活动，布置学生提前做好手工作品并在教室展出。在二年级上册口语交际《有趣的动物》

教学中，教师可借用一年级学过的课文的题目，创设"动物王国开大会"的情境，让学生在生动有趣的情境中展开交际活动。在二年级上册口语交际《看图讲故事》教学中，教师可以根据漫画的内容及呈现方式，以学生最感兴趣的综艺类电视节目《爸爸去哪儿》为题，讲述故事，续编故事。

3.借用身边问题引出话题

借助身边问题，就是充分利用学生对生活和学习、自身和他人的好奇心，设置一种有新意、有趣味的"疑"境，造成一种教学内容和学生心理的"不协调"，从而激发宣传动机。口语交际教学同样应当重视问题情境的创设，在学生认知冲突的诱发中引出话题，激发内在的交际需要，达成交际目标，形成交际能力。以下是二年级上册口语交际《做手工》的情境创设片段。

师：同学们，最近老师正为一件事情发愁，我儿子幼儿园的老师要求我们完成一件亲子手工作品参加六一义卖。可是，手工不是我的擅长项，该做什么，怎么做呢，我觉得好难啊！快帮我支个招儿，可以做什么？

生1：做拼贴画。

生2：做布偶玩具。

……

师：原来有这么多小玩意儿可做啊！可是，你们得先教教我怎么做，告诉我具体的步骤啊！

生：可以，先……

师：这样吧，如果有实物的同学明天带实物，来教老师，没实物也没事，你就把做什么、怎么做介绍清楚。我看看，谁介绍得最清楚，最有可操作性，我就按他的建议去做一个。

在这个片段中，教师先巧妙地创设了一个"亲子作品该做什么"的问题，这是交际的"序幕"，引导学生宣传表达的交际需要；而后又创设"怎么做"的问题情境掀起宣传表达的"高潮"，使学生兴致盎然地投入交际过程中。

总之，尽管宣传类口语交际教学是以表达者为主体的言语交际活动，但还是要丰富形式、设计恰当的载体，通过交际语境的创设来引出交际的话题，激发其内在的宣传动机。

策略二：搭建展台，营造宣传氛围

宣传类口语交际一般需要学生事先搜集整理相关资料，很多是经过一定酝酿准备后的表现型交际，因此，宣传时的氛围营造非常重要。教师在组织教学时，可以设计展台式场景，划分出一个小空间，赋予说话者一定的角色，让其以"主讲"的身份展开交际，帮助其扩大宣传范围，提升宣传效果。

1.背景式展台

结合交际话题，借助音乐、媒体、画面或相关道具的摆放，设置背景，把学生带入真实的情境，营造宣传氛围感。例如，在五年级上册口语交际《我最喜欢的人物形象》教学开始，教师结合背景小视频的播放，营造"我最喜欢的人物"推荐会现场氛围，让学生在媒体的渲染下，置身推荐会现场。又如，在进行讲故事、演讲等表演性的口语交际时，教师通过桌椅的摆放，把教室布置成现场会形式，观众们团团坐，邀请讲述者上台讲述，形成特殊的小展台。有时候，也可以结合宣传交际的话题，通过给学生贴上数字标签、制作名牌等方式，赋予其不同的身份，帮助其更好地代入角色，进入情境，进行更为有效的宣传和表达。

2.实景式展台

交际展台的搭建，不局限于教室，有时候，教师可以带学生来到校园的某个场景，条件允许的话，还可以带学生走入社会，到田野、企业、社区、街道中去。例如，在五年级下册口语交际《我是小小讲解员》教学中，教师可以让学生选择校园里的某处景观或场所，事先撰写讲解词。之后，再根据学生的选择，把他们带到校园的各个角落，让他们在实景式的展台中作真实的宣传和介绍。而在四年级上册口语交际《我们与环境》教学中，教师可以整合学生"假日小队"的活动内容，带他们来到公园、河道、垃圾填埋厂等地，结合实地观察，围绕交际要点发表观点，表达想法。

3.无边际展台

随着现代社会的发展，人们在网络中进行的互动交往越来越成为日常生活的重要组成部分。充分利用网络优势，借助网络平台搭建宣传展台，也能激发学生的表达兴趣，助力其口语交际能力的提高。例如，在五年级上册口语交际《父母之爱》教学中，教师可借助班级钉钉群，向群内父母发起视频会议，在真实的网络情境中和父母交流观点，表达想法。在三年级下册口语交际《春游去哪儿玩》教学中，教师可以借鉴抖音中的直播节目，拍下学生推荐视频，通过视频号、公众号形式进行推送，让家长、教师及年段其他同学进行投票决定。

策略三：穿针引线，活化宣传场域

口语交际中的"场"，指的是依附在口语交际活动中，并对活动产生有力作用的情境氛围。这种情境氛围，除了前面提及的类似场景设计的外在的物质氛围，还包括内在的心理氛围，如交际时的心理感受，交流中言语所达成的默契，或是讨论时思想所形成的撞击……这种"场"实实在在存在于教学过程中，并影响其进程。在缺乏交互性的宣传性口语交际教学中，教师在做好组织者、指导者的同时，也应是个交际者，以聊天的方式，通过亲切的话语，穿针引线，恰到好处地串联、提示、延伸及应和，从而营造自然、和谐、温馨、愉悦的交际宣传场。

1.承接式的串联和提示

所谓承接式是指教师在口语交际过程中，能顺着学生的话题，接过话题，进行同类话题的交流和表达，既能打开学生表达的思路，又在无形中为学生的表达提供语言示范。

例如，二年级下册口语交际《长大以后做什么》一课，对说话方的要求是：能说出长大以后想做什么，并简单说清理由。教学中，在学生争着交流完"长大以后想做什么"之后，教师并不急于抛出"请你说说理由"这一任务，而是顺着学生的表达，接过话题说道："哇，大家都介绍了自己的理想，那你们知道老师小时候的理想是什么吗？"于是，学生饶有兴趣地猜起来。其实，猜的答案并不重要，重要的是，学生的兴趣被激发，课堂上，师生、生生交流磁场的磁性在增加。这时候，老师再神秘地介绍道："我小时候啊，希望自己成为一名……因为……"不经意间，老师的介绍已为学生后续的"说清理由"做了一个语言的示范，但学生并未察觉。"是不是觉得很有意思？那你们想成为……又是为什么呢？能和我们分享一下吗？"新的交际任务在承接式的聊天中抛出，学生的话匣子被打开，纷纷述说着自己理由背后的原因。

2.递进式的推进和延伸

宣传类口语交际时不仅要内容正确，还要求表达有层次、有条理，选取的材料能反映表达的主题，而这些目标需要教师在课堂中层层推进，分步落实。但若生硬地切割目标，以任务推进的方式呈现，无疑会破坏交际的情境场。这时，教师就可以通过递进式的追问，在延续话题的同时，无痕地提出进一步的交际任务和要求，让学生在互动交流的聊天磁场中，习得新能力。

仍以二年级下册口语交际《长大以后做什么》为例，在"引导学生就感兴趣的内容问一问"这一环节，教师不是生硬地提出要求，而是顺着前面的聊天，就地取材，在听完某个学生的介绍之后，随机追问："在你成为宇航员后，你第一个想去的是什么星球？"在话题的延续中聊出更多乐趣。然后，再引导学生发现："听完同学的介绍后，感兴趣的内容可以接着问一问，这会让聊天更有意思。"然后，再提供语例支架，出示视频中小朋友的对话，打开学生提问的思路，形成生生交际、师生交际的宣传情境场。

3.搭桥式的应和与嫁接

宣传类的口语交际极易成为某个或某几个学生的"独角戏"，要激活宣传场域，这就需要教师在整个交际过程中，匠心独具地搭建多向互动的桥梁，打通多向的交际路径，形成交际情境场。

例如，三年级上册口语交际《名字里的故事》教学中，在同桌交流之后，教师邀请十多个学生，上台介绍同桌名字的含义及来历。于学生而言，这既是一次"把信息讲清楚"的语言实践，又是对倾听习惯、倾听质量的反馈。同时，学生在你说我听、你口说我心的过程中拉近了距离，增进了情感，也为后面的"礼貌回应"环节做好了铺垫。

当然，宣传类口语交际课堂中，搭建同桌、小组成员之间的评一评、选一选，以及回应说话者等活动平台，也能孕育学生的表达欲望，形成互动的交际情境，促进学生思维敏捷性、言语表现灵活性的发展，提高其口语交际能力。

总之，宣传类口语交际课中的交际情境，不仅仅局限于课始的话题，它应该贯穿于整节课，是师生间、生生间互动交流的一个场，一个完整的大情境。这就需要我们在大交际情境背景下，多形式转换各种交际小情境，把教学的目标隐藏于真实、具体的交际情境中，调动学生爱讲敢讲会讲的积极性，让每一个学生都能在情境的渲染中倾听、表达，在充分的语言实践中提高口语交际表达能力。

教学研究二：实施"戏剧式交际"

宣传类口语交际的形式主要有：讲述、复述、即席讲话、演讲等，这些都是近似于独白的交际形式。开展这些类似于独白的交际时，交际的一方侧重单向输出（说），另一方侧重单向输入（听）。因此，为了更好地达到宣传的语用目的，独白的一方可以多使用戏剧式的交际策略。

一、戏剧式交际的重要性和能力进阶

戏剧，是一种曲艺形式，表演者的一唱一和、一笑一颦都极具感染力。戏剧式的交际策略，就是交际者通过处理语音语调、动作眼神、语言表达方式等，扩大宣传影响，提升宣传效果，从而实现"以言指事"的宣传功能。

在统编教材编排的27次宣传类口语交际中，可以清楚地梳理出宣传类口语交际目标设置的连续性和序列化，体现学生需要掌握的戏剧式交际的能力进阶。其中，以讲述为主要形式的宣传类口语交际，其目标梯度呈现出如图2-2所示态势。

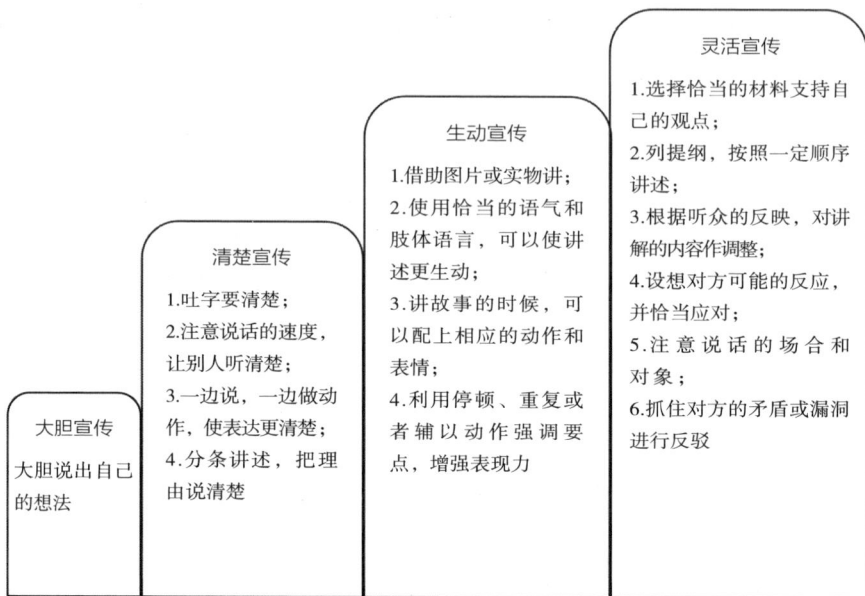

灵活宣传

1.选择恰当的材料支持自己的观点；

2.列提纲，按照一定顺序讲述；

3.根据听众的反映，对讲解的内容作调整；

4.设想对方可能的反应，并恰当应对；

5.注意说话的场合和对象；

6.抓住对方的矛盾或漏洞进行反驳

生动宣传

1.借助图片或实物讲；

2.使用恰当的语气和肢体语言，可以使讲述更生动；

3.讲故事的时候，可以配上相应的动作和表情；

4.利用停顿、重复或者辅以动作强调要点，增强表现力

清楚宣传

1.吐字要清楚；

2.注意说话的速度，让别人听清楚；

3.一边说，一边做动作，使表达更清楚；

4.分条讲述，把理由说清楚

大胆宣传

大胆说出自己的想法

图2-2　以讲述为主要形式的宣传类口语交际目标梯度

由上图可见，从"大胆宣传""清楚宣传""生动宣传"到"灵活宣传"，戏剧式交际的能力层级非常清晰。

第一阶段："大胆宣传"，即自信勇敢地展示自己。这是能力发展的第一步。在这一阶段，教师要耐心地引导学生进行口语交际的学习，充分肯定学生的言行，挖掘学生的闪光点，引导并鼓励学生与人交流。

第二阶段："清楚宣传"。在学生有表达欲望的基础上，教师要引导学生能清楚讲述，可以从三个维度来落实：一是语音上要清楚，即吐字，说话速度方面的；二是形象上要清楚，即用动作来辅助讲述；三是条理上要清楚，并能说明理由。为了实现"清楚宣传"，教师提示学生可以尝试借助工具，如图片、实物，还要学会搜集与整理

信息，使讲述的内容更适合。

第三阶段：最体现能力的"生动宣传"和最高阶的"灵活宣传"。"生动宣传"需要通过语气的变化、动作和表情的辅助来实现。"灵活宣传"要求学生根据对象、目的、场合、听众的反应，选择适合的材料来恰当应对。

二、戏剧式交际的实施策略

虽然教材的目标梯度非常明晰，但在具体教学中，教师却未能精准地把握层级目标，也没有为学生提供针对性的学习支架，使交际过程枯燥、机械，不仅没有彰显"戏剧式"，交际的宣传目标也无法准确落实。因此，要组织好宣传类口语交际，教师在教学中要结合目标能力层级，搭建多维支架，引导学生逐步掌握戏剧式交际的策略，从而达到生动宣传的语用目的。

策略一：条理讲述，清楚宣传

宣传类的口语交际，为了使听者听清楚，讲述者声音一般略重，有时甚至还略带兴奋，仿佛自带"主角"光环。同时，因为个体讲述的时间更多、比重更大，讲述的内容也就更多，这就更加考验讲述者的条理性，以保证自己宣传的内容能够清晰地传输给听者。

1.模仿范例，清楚规范表达

范例支架是学习者在学习过程中，教师给出例子，学习者仿照例子进行练习。在口语交际过程中，学生在现有水平向目标水平提升时，教师有意识地提供教学范例，搭建合适的学习支架，促进其交际能力的形成。例如，一年级下册口语交际《一起做游戏》一课的交际要素是"一边说，一边做动作，使表达更清楚"。教师是这样引导学生的，引导学生用上"玩贴鼻子游戏需要准备……""这个游戏这么玩……"这两个句式分别来说清楚游戏的准备和具体玩法，接着适时提供游戏时的具体动作"蒙、转、贴"，引导学生边做动作边介绍游戏的玩法。

对缺乏知识与经验的第一学段学生来说，模仿是一种心理需要，小学生可以通过示范与模仿掌握基本的口语交际技能，学习和借鉴范例中的表达方式，提高自己的语言表达能力。在这个教学片段中，从让学生说一句完整的话开始，再进行示范指导，提供一定的句式，规范学生的语言，最后让学生把游戏规则连起来说一说，使学生的观察、思维、表达融为一体，真正落实本次口语交际的要点"借助动作把游戏规则说清楚"。

2.借助图标，准确梳理信息

面对有大量信息资料需要讲述时，学生可以通过列提纲、画思维导图等方式梳理思路，从而更加准确、清楚地完成讲述。以三年级上册口语交际《名字里的故事》为例，教材的内容提到了交流自己名字的含义和交流他人名字的含义，以及和同学交流之后，回家给家里人说说，你从同学的讲述里知道了哪些新鲜事。教师可以引导学生借助课前准备的表格，介绍家人名字里的故事，如表2-3所示。

表2-3 《名字里的故事》学习单

不同辈分	名字举例	我的发现
爷爷奶奶（辈）的名字		
爸爸妈妈（辈）的名字		
我们（辈）的名字		

借助图表，教师让学生把提前收集的资料，按照一定的要求重组并进行交流，这样既降低了学生的表达难度，又强化了学生讲述的条理性和准确性，提升了交际能力。

策略二：渲染夸张，生动宣传

为了更好地达到宣传的目的，在语言表达方面，学生可以借助反问、设问、排比、比喻、拟人等修辞方式，渲染口语交际内容，增强口语交际的互动感。在非语言表达方面，可以通过适度夸张肢体语言、眼神，适度处理语音、语调、语速、语流与听者互动，扩大表达的效果。

《趣味故事会》是三年级下册第八单元的一篇口语交际，旨在通过故事组织复述练习，同时提示学生运用合适的方法，把故事讲得更吸引人。在记住故事内容之后，教师引导学生根据已有的学习经验来提建议，说说如何才能把故事讲得吸引人，继而在集体交流中，帮助学生整理归类并板书：语气有变化、表情有变化、加上肢体动作等，形成思维导图，如图2-3所示。

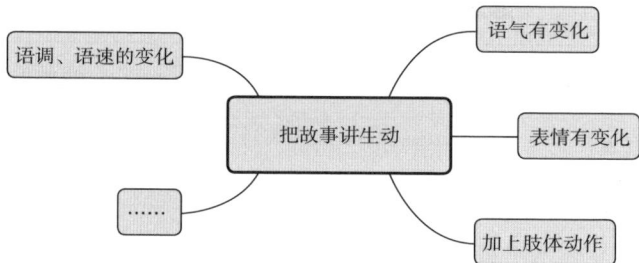

图2-3 《趣味故事会》把故事讲生动"思维导图"

整理好方法后，还要回归故事本身。教师引导学生在小组内进行讨论和练习：细读故事，想一想哪里的语气要有变化，哪些地方的表情该怎么做，哪些地方需要加入肢体动作，用自己喜欢的方式做好标记，也可以选择教师提供的标记后，再练一练，如图2-4所示。

语气变化	加重…	上扬 ↗	减缓 ------	加速 - - -	擅抖 ～～ ……
表情变化	高兴	难过	惊奇	害怕	愤怒
肢体动作	抬手	昂头	挥手	跨步	插腰

图2-4 讲故事常用的提示标记

在提炼方法和练讲故事之间加入"做标记"这一学习活动很有必要，因为语气、表情、动作的变化是随着故事内容的变化而产生的，做标记能帮助学生在练讲故事之前，细致感悟故事内容，找准变化点，让讲述更加生动、吸引人。

此外，教师还可以让学生自主设计多种类型的"讲故事"方式，例如，加以简单音效录成音频，或者加以简单服饰道具拍成小视频，上传到班级公众号，在多场合、多形式的"讲故事"实践中，自觉践行"运用合适的方法，把故事讲得更吸引人"这一交际要求。

策略三：观察反应，灵活宣传

宣传类的口语交际过程中，交际双方的互动更多是隐形的，更加考验讲述者是否能够灵活反应。一方面，讲述者要通过眼神的交流与听者互动，这和所有口语交际都一样；另一方面，讲述者要时刻观察对方的反应，或是根据对方的提问、建议或评价，及时修整自己讲述的方式和内容。

五年级下册口语交际课《我是小小讲解员》中，教材就"讲解"提出了具体要求，有语气语速的要求（要适当），有体态情态的要求（可借助），还有讲解时利用辅助资源的要求（展板、图片、影音等）。更重要的是，第二条交际小贴士要求"根据听众的反应，对讲解的内容作调整"。对此，教师可以在讲解开始之前，请学生扮演不同类型的"听众"，如，幼儿园弟弟妹妹、外校来参观的老师……在学生讲解结束，随机采访"听众"或是讲解员，引导讲解员关注听众的反应以及调整应对的方法。

当然，"交际情境的设计强调真实自然，避免表演等形式……"[8]这三条戏剧化的交际策略，并不是让学生进行表演，而是引导学生对自己的讲述方式、讲述内容作出戏剧化调整，从而贴近交际对方的需求和喜好，提升宣传效果。

实践案例一：《身边的"小事"》

《身边的"小事"》是一篇有着宣传功能的口

微信扫码
即可下载该课课件

语交际，引导学生观察身边的"小事"，清楚地表达自己的看法，并汇总小组意见，与其他小组交流，旨在提升学生表达自我的能力，将学生的视野拓展到广泛的社会生活中。标题在"小事"一词上加引号，隐含了事小意义大的价值导向。

教材首先提供了与学生的生活紧密联系的四幅情境图（见教材），帮助学生勾连生活、唤起回忆。上面两幅图表现的是令人感到温暖的行为：图一侧重公共礼仪——一位青年进门时为后面的人扶住门；图二侧重公共环境——及时清理宠物的排泄物。下面两幅图表现的是社会生活中的不文明行为：图三侧重公共秩序——上公交车时插队；图四侧重旅游文明——在旅游景点乱涂乱画，在树木上攀爬拍照。接着，教材布置了本次口语交际的任务：先在小组中交流身边的令人温暖或不文明的"小事"，并谈论看法；再汇总小组意见，和其他小组交流。小贴士中则提出了"清楚地表达自己的看法""汇总小组意见时，尽可能反映每个人的想法"的要求。

由此可见，本则口语交际包括三个阶段：还原生活场景—提供表达方法—开展小组训练，后两个阶段承载着本则口语交际的功能属性，是本次学习的重中之重，也是笔者本文论述的重点内容。

一、教学主张：表达看法时有内容，汇总意见时有条理

低年级和三年级上册第四单元的口语交际已经有过"表达自己的看法""讲清楚"等要求，本次"清楚地表达自己的看法"的要求，重在把对生活中常见行为的看法讲清楚。"汇总小组意见时，尽可

能反映每个人的想法"，要求小组交流时注意倾听记忆，了解每个人的想法，汇总时尽量涵盖每个人的意见，渗透着彼此尊重的交际意识。本单元的语文要素是留心生活，引导学生积极清楚地表达自己的想法并记录下来，所以，本次口语交际的主题也在为这一语文要素铺垫方法。

而语文要素的落实、口语表达能力的提高，对于学生来说就是一个努力向上攀岩的过程，有难度，也有困难。给学生搭建适当的语言支架，能助力他们跨越表达障碍，提高言语智慧，树立表达信心。

二、初教反思：借助多维支架，实现清楚表达

但正如上文阐述，学生在宣传过程中需要有清楚表达的意识，但在初教中未很好地达成，致使在宣传中出现内容匮乏、言辞混乱的现象，整体效果不尽如人意。

一是个人表达看法内容不完整。很多学生在口语交际时出现思路阻塞的情况，只是笼统地说这件事让"我"觉得很温暖，或是觉得很不文明，没有进一步阐明自己的理由，以至于未能清楚表达自己的看法，无法使话题进行下去。

二是小组汇总意见缺乏条理性。有的学生在交流时没有汇总小组每一个人分享的小事和看法，汇总小组意见不够全面，甚至出现了遗漏。还有的学生难以对小组每个同学分享的小事和看法进行分类、概括，表述时东拉西扯，没有条理。

三、改进成效：汇聚声音，传递思想

（一）个人表达看法有内容

1.聚焦视频，引出看法

日常生活是学生运用口语最广泛、最频繁的领域，学生在日常生活中的语言实践能有效地提高口语交往能力。心理学家布鲁纳认为，学习最好的刺激是对所学材料的兴趣。只有与学生生活相贴近的话题，才容易使学生产生身临其境的感觉和积极的情感体验，使学生产生浓厚的交际兴趣，自然地走进交际话题。

课前，我录制了校园小事的视频，在舒缓的背景音乐中，呈现了四件小事画面。

第一幕：两位同学看到老师，第一个和老师打招呼，第二个视而不见地走开了；第二幕：有一个同学见到走廊里的雨伞掉了，就捡起来挂好并整理伞架；第三幕：两个同学在楼道相遇，一个同学的书本掉了，另一个同学帮忙捡起；第四幕：一位同学在楼梯上快速奔跑。

拍摄的这一组校园小事视频，真实地再现了校园生活场景，学生倍感亲切，参与的热情很高，交流的兴趣自然浓厚，学生进入一种发自内需的"我要说，我想说，我能说"的状态。在毫无拘束地表达自己想法的过程中，学生触及了语言的重要功能——交际。视频的导入还原了生活场景，使口语交际的话题与学生的校园日常生活相融合。简单的交流使学生初步感悟"小事"不小，身边也有许多小事，进而引出本课的交际话题——对身边"小事"的看法。

2.范式引导，说清看法

怎样说清楚对一件"小事"的看法呢？大部分三年级学生只能说出对这种行为的评价，例如，"不文明""不好""让人很温暖""很感动"，不能说清楚理由，而说清楚理由是说清楚看法的关键。于是，我针对学生学习的这个难点，录制了两个音频，音频中的两名学生分享了自己身边的"小事"和看法，一件是不文明的小事，一件是令人温暖的小事。他们都是先说看法，后说理由，不文明的小事说出了事情的后果，温暖的小事说出了事情的好处。

生1："我想说的是一个男生在楼道里奔跑的小事，我认为他这样做很不文明，因为在楼道里奔跑可能会让自己摔倒，也可能会撞到别人，十分危险。"

第一个学生说得比较简单，只说了对"小事"的看法和理由，这是大多数学生容易模仿和学习的表达方式。

生2："最让我印象深刻的小事是走廊上一个女孩看到雨伞掉了就主动捡起挂到伞架上并进行了整理。我觉得她小小的举动带给了大家无限的温暖，我真想为她点赞，她是我学习的榜样。这件事情让我想起了我的同学金睿博，他也经常主动整理伞架。以后我一定要向他们学习，主动为大家服务，用实际行动去关爱身边的每一位同学和老师。"

第二个学生不仅说清了看法和理由，还补充了其他事例以及给人的感受。第二个学生说得更具体，理由更充分，需要更强的表达能力。

这两种示范体现了表达的梯度，可以满足不同层次学生的学习需求。这两个音频不仅为学生做了示范，还给他们搭建了一个表达的支架，让学生的表达更有信心，更有方法，有话可说，有话会说。

3.评价导行，提升效度

为了更好地落实目标，及时观察、了解学生的学习情况，以便调整教学活动，我将教学目标细化为可检测的评价指标，引导学生进行自评和互评。

学习了"说清楚看法"的语文要素后，教师引导学生总结要点，制定评价表：①看法是否明确；②理由是否清楚（令人温暖的事说出好处，不文明的行为说出后果）；③是否补充其他事例。然后，老师安排同桌互相说说自己身边的"小事"和看法，并且尝试运用这一评价表来考量学生的实际表达情况，评价表达的优缺点，如表2-4所示。学生之间的相互评价，能增强学生的参与意识和情感态度，提高口语交际的效度。

生1："我想说的是小区里有的居民遛狗时不牵绳。我觉得这件事特别不文明，这样做，狗很容易咬伤人。我还听妈妈说过很多狗走丢就是因为没有牵绳，那样主人肯定会很难过，所以遛狗牵绳特别重要。"

生2："我同意你的看法，你能得到三颗星，因为你的看法明确，理由清楚，还补充了其他事例……"

表2-4 评价标准

看法明确	理由是否清楚		补充其他事例
	令人温暖的事说出好处	不文明的行为说出后果	

这张评价表不仅让学生的表达有了方向，评价也有了依据。学生能紧紧扣住表达的要点，有条理地说出自己的看法和理由，有针对性地指出学生表达的优缺点，从而促进学生口语交际能力的共同提高。

（二）小组汇总意见有条理

1.讨论交流，厘清汇总顺序

上述环节可以看成是学生个体从图片、视频中提取信息的"独白式交际"。但生活中真实的交际场景是双向交互的过程，要求学生不仅会说，还要会听。所以，我及时转换场景，将学生由视频延伸到自己的生活，引导学生在小组内交流自己发现的不文明行为或是感到温暖的行为，再谈谈对这些行为的看法。

汇总小组同学的看法是本课教学的难点，我通过随机采访记录员的方式组织学生讨论：怎么才能尽可能汇总小组同学的看法？

师：你准备怎样记录呢？

生1：每位同学发言的时候，我都很认真地听。

师：时间有限，听完了怎样才能不忘记呢？

生2：我觉得可以记录一两个重要的词。

师：听不明白的话怎么办呢？

生3：我觉得可以再去问一问同学。

学生讨论后，我相继小结：一是要注意倾听每位同学的发言；二是要记住别人说的主要信息，可以记录几个关键词；三是不明白时可以追问。这三点可以概括为"听""记""问"，我通过课堂板书来呈现这一支架。看似简洁的三个字形象地呈现了汇总的思路，厘清了汇总的顺序。

2.设计表单，归类汇总意见

初教时，我只设计了一张表单，其中包括主要事件和学生的看法，分发至各小组，用来记录要点，为小组发言做准备。但这样的设计，学生在汇报时只是按部就班地把小组里分享的四件事及看法——读下来，并没有归类的意识，表达时条理还不够清楚。因而再教时，我设计了粉色和蓝色两张记录表，旨在引导学生在交流记录的过程中自然而然地把感到温暖的行为或不文明行为进行了梳理，并进一步展开归类记录与分类介绍，如表2-5所示。

表2-5 小组汇报记录单

看到的	想到的	看到的	想到的

这两张表单反映了学生是否学会了"听、记、问"的汇总方法，在反馈交流环节时，更能实现学生说、学生追问、老师问、学生接着说的多回合交际流。

3.组际交流，串联汇总内容

在汇总过程中要时刻体现学生的主体地位，整个活动交给学生自主展开，充分保证学生的学习和讨论时间。教师是课堂的组织者，在教学中，教师应适当地学会让自己"隐"而不是让自己"显"，把机会留给学生，只进行学法指导即可。

组1："我们小组分享的是四件令人温暖的小事。江紫琼分享的小事是爸爸给她撑伞，自己却淋湿了，这件小事让她觉得很温暖，让她明白了父爱的无私。陈驰翰分享的小事是运动会他跑400米时，同学们纷纷给他加油，这件小事让他觉得班级的同学很团结友爱，获得了奋勇拼搏的力量，以后也想为其他同学去加油呐喊。陆敬文分享的小事是应老师一遍遍地为同学们讲题，他的感受是应老师特别认真负责，激发了他对数学的兴趣，长大后也想成为一名像应老师一样的数学老师，无私地去教育学生。葛欣瑜分享的小事是电梯快关门时，陌生的阿姨帮她按住打开的按钮直到她进去，她明白了我们要去关爱的不仅仅是身边的人，关爱陌生人更是难得，以后有类似情况发生她也会主动帮别人按住电梯的按钮。"

汇报后，我只是作为引导者，让学生自主讨论并发现、概括出第一组汇总看法的表达形式为：我们小组分享的是几件怎样的小事，谁分享的是什么事，他的看法是……

组2："我们小组同学一共说了三件小事。第一件是开车时礼让行人。第二件是小区里居民乱扔垃圾，没有进行分类。第三件是食堂里有的同学只吃几口就离开了。我们组认为，开车时礼让行人这件事是正确的。小区居民乱扔垃圾和有的同学浪费食物这两件事是不对的。其中，我们对第三件小事想法很多，我们组都认为这个行为特别不好。我们说了这几个原因：一是不尊重农民的劳动成果；二是相当于浪费自己的钱财；三是有些人还饿肚子，粮食在全球还紧缺；四是会养成不良习惯。我们应该做到节约粮食，不随便剩饭剩菜。"

同样地，学生在自主交流的过程中概括出了第二组汇总看法的表达形式：我们小组讲了几件事情，每件事情是什么，这几件事情是否正确，其中，我们对第几件事情想法很多……

在组与组的交际过程中，学生已然了解汇报方式各有不同，但共同点都是把小组成员的看法串起来，连贯地说一说。有了榜样的示范，又有辅助的不同的语言表达方式，学生知道要说哪些内容，可以先说什么，再说什么，学生汇总时指向性更强，概括看法时的难度明显降低，表达更有条理。

由实践可知，在《身边的"小事"》这一口语交际过程中，教师在指导学生借助视频、音频、板书设计等不同的支架中充分展开学习过程，掌握方法，从而学会"清楚表达想法"和"汇总小组意见"，让学生"能说"；重视小组合作学习，在讨论、互动等过程中，让每个学生在课堂中开口说话，并形成学生与学生、教师与学生的多个回合、多种形式的"宣传交际流"，让学生"爱说"。

（张晶　李秀蕾）

实践案例二：《自我介绍》

一、教材分析

统编教材四年级下册《自我介绍》是一次以"宣传"为目的的口语交际。宣传类口语交际的功能是帮助学生输出信息、思想。当学生想要为自己或他人树立形象，为某一处地方或某一样事物扩大影响，为某一种现象甚至某一种思想进行传播时，他们就会发起具有

宣传目的的口语交际，从而在对方心中完成对应的画像，甚至加深印象。

自我介绍就是告诉别人你是谁，你是一个什么样的人，介绍自己的方法多种多样，可以随时随地而变。统编教材中与自我介绍相关的宣传类口语交际共有5次，分别是二年级下册《长大以后做什么》、三年级上册《我的暑假生活》《名字里的故事》、五年级上册《我最喜欢的人物形象》和六年级上册《请你支持我》。其中，一年级上册《我们做朋友》和一年级下册《打电话》虽然属于交往类口语交际，但也出现了"作自我介绍"的提示，不过这两次口语交际中"自我介绍"的交际目标比较简单，分别是"说话时看对方的眼睛，能和同学聊聊天"和"打电话时先说清自己是谁"。三年级上册《我的暑假生活》的交际目标是"选择别人可能感兴趣的内容讲"，《名字里的故事》的交际目标除了"把了解到的信息讲清楚"，还出现了"礼貌地回应"，即从单一输出向双向互动过渡。在此基础上，本次口语交际《自我介绍》旨在帮助学生学会根据对象和目的，在不同的情况下介绍自己，更好地与他人沟通，同时也为五年级上册《我最喜欢的人物形象》"听人说话能抓住重点。分条讲述，把理由说清楚"以及六年级上册《请你支持我》"先说想法再说理由；设想对方可能的反应，并恰当应对"做好准备。宣传类口语交际中的自我介绍，不仅要求内容正确，避免科学性错误，还要求表达有层次、有条理，选取的材料能反映表达的主题，促进学生思维和语言的双重发展，形成缜密的思维品质、良好的语言表达。

统编教材中的口语交际，虽然每次话题不同，但都贴近学生的生活实际，容易让学生产生"情境"感。本次教材提供了"转学进入新班级""应聘校报记者""上电视台参加《我是小歌手》节目""去车站接人"四个交际情境，分别指向"认识我""认可我"和"认出我"三个交际目标。为了达成这三个交际目标，教师创设与之相对应的交际情境："面对新老师介绍自己""应聘新老师组建的社团""代新老师领取订购的快递"，争取在本课有限的课堂时间里模拟多种情境，让学生掌握自我介绍的技巧，能在不同情境中灵活运用并做适切宣传。

二、教学目标

1.通过创设"面对新老师介绍自己"的情境，激发学生口语交际的兴趣，鼓励学生尝试作自我介绍，让别人认识我。

2.通过创设"应聘新老师组建的社团"的情境，引导学生根据交际对象和交际目的的不同，调整自我介绍的内容，让别人认可我。

3.通过创设"代新老师领取订购的快递"的情境，引导学生听取他人的意见，完善自我介绍，让别人认出我。

三、教学准备

多媒体课件、板贴、学生"自我介绍"音频。

四、教学过程

（一）尝试宣传，认识我

1.模拟情境一：让新老师认识我

班级里来了一位新的美术老师，请你向新来的老师做一下自我介绍，以便他快速地认识你。

2.指名交流：向谁介绍？【板贴：对象】

3.你准备介绍什么？【板书：姓名、年龄、爱好等】

4.自由练习

5.指名介绍

交流：他向新老师介绍了自己的哪些内容？【板贴：内容】

预设：姓名、年龄、爱好、性格等。

6.播放音频：同学的自我介绍（自我介绍导图）

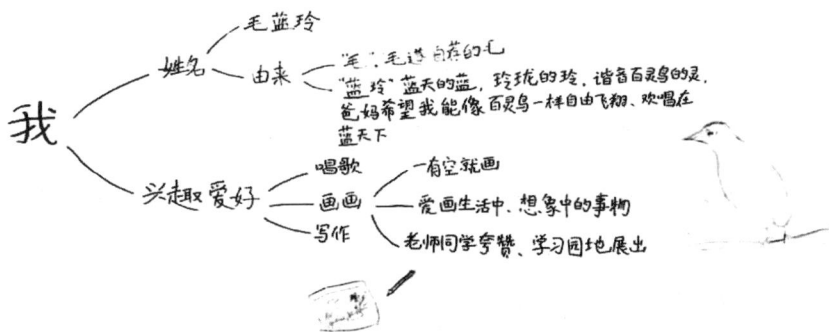

交流：她介绍了自己的哪些内容？

预设：她介绍了姓名以及姓名的由来，自己的兴趣爱好。

7.对比几位同学的自我介绍，交流发现

预设一：他们都介绍了自己的姓名、兴趣爱好。

预设二：第三位同学选择介绍自己姓名的方式很有趣，让人印象很深……【随机板书：有选择】

预设三：几位同学虽然自我介绍的内容不同，但他们都有共同的目的【板贴：目的】，都是为了让新老师认识自己。【板书：认

识我】

【点评：看似不经意的"聊"，其实隐含了教师的多重目的。目的一是了解学生对自我介绍这种口语交际的掌握情况；目的二是拉近学生与新老师的心理距离，舒缓课堂的学习氛围；目的三是为后面学习活动中根据交际对象和交际目的的不同完善地作自我介绍埋下伏笔。】

（二）侧重宣传，认可我

1.模拟情境二：让新老师认可我

新老师打算组建一个绘画社团，想招一些同学加入，但是他对你们的绘画能力不了解。

2.集体交流：如何调整自己的自我介绍？

预设：这时应该向绘画社团的负责人，就是这位新老师介绍自己的绘画特长和绘画方面的爱好，让他知道你有没有能力加入绘画社团，希望他能允许你参加这个社团。

小结：我们发现作自我介绍时，各有各的目的，各有各的对象，有时让人认识我，有时请人——认可我。【板书：认可我】

3.应聘新老师组建绘画社团，自由练习

4.指名上台自我介绍

5.听完几位同学的自我介绍，你觉得怎么样？发现哪些异同点？

预设：几位同学讲得挺好的，介绍了姓名和爱好，也都重点介绍了应该具备的能力。不同的地方是……

6.播放音频：同学的自我介绍，听后出示文稿

7.对比几位同学，作为绘画社团负责人的新老师，你想录取谁？

预设一：我想录取第一位同学，因为她重点介绍了自己在绘画方面获得的各项荣誉，我觉得她可以成为社团的优秀成员。

预设二：我想录取第三位同学，因为她重点介绍了自己从小学习绘画的经历，我觉得她对绘画的热爱非常难得。

小结：看来自我介绍时为了达到某个目的，介绍的内容应该有所侧重，不能面面俱到。【随机板书：有侧重】

【点评：教师通过创设"应聘新老师组建的社团"的情境，引导学生关注交际目的变化了，自我介绍的内容就相应改变。通过以"认可我"这个目的为样例，引导学生从现场生成和预先准备的不同的例子中，从自我互动、生生互动、师生互动中比较、发现根据交际对象和交际目的的不同，自我介绍的内容是有所侧重的。具体教学中，教师始终明确拟真的情境在变化，介绍的内容也要相应改变，当然，从中习得的方法、能力也是能够迁移运用的，因为最终的目的是更好地宣传自己，与他人顺利沟通。】

（三）特色宣传，认出我

1.模拟情境三：让快递员认出我

新老师为绘画社团订购了一些工具，此刻正应聘社员走不开，想请同学帮忙代领一下快递。

2.交流如何向快递员作自我介绍

预设后续情境一：找一位同学与快递员当面交流作自我介绍，领取东西。

①自由练习。

②指名作自我介绍。

预设生：快递员叔叔，您好！我是某某班的某某某，替某老师来领取快递，这是快递单号。

小结：这时我们作自我介绍的目的是让别人——认出我。【板书：认出我】

预设后续情境二：教师拨通电话给事先安排的助手老师，快递员现场询问："这么多小朋友，我怎么能认出是谁来领东西呢？"与快递员电话交流作自我介绍。

（1）自由练习。

（2）指名作自我介绍。

预设生：快递员叔叔，您好！待会儿由我来代某老师领取东西，我是一个男生，身高1.40米，上身穿白色短袖上衣，下身穿蓝色牛仔长裤，脚穿黑色运动鞋。您大概几点钟到？

（3）现场模拟：听完同学的自我介绍，快递员叔叔，你能认出他吗？能给他一些建议吗？

（4）现场修改，即时介绍。【随机板书：有特点】

【点评：教师以"认出我"这个目的为样例，通过创设"代新老师领取订购的快递"这种生活中常见的情境，引导学生了解这类自我介绍时一定要有鲜明的特点和准确性，同时学生不难发现如果直接去校门口和快递员交流是一种自我介绍的模式，而事先与快递员在电话中做好自我介绍是另一种不同的模式，即从一个生活情境中还会衍生出新的情境，因此，自我介绍的内容和方法是可以且应该

随时变化的。】

（四）情境演练，宣传我

1.选择情境：自由选择一种情况作自我介绍

2.交流：生活中，还有哪些情况也需要我们作自我介绍？目的是什么？

刚才同学们已经发现无论做哪种自我介绍，都要根据对象和目的的不同，对内容作出选择和侧重，生活中除了这三种情况，还有很多，比如，学校招聘新的足球队员、"金话筒"小主持人比赛、校园小导游等，你觉得这些情况的目的是什么？

预设：

（1）参加"金话筒"小主持人比赛，需要获得参赛资格。

（2）参加校园小导游让评委老师认可我，让我成为小导游。

（3）想当班干部，需要向大家介绍自己的优点和决心，让大家认可我。

（4）参加夏令营活动，需要在第一次见面时介绍自己，让教官和新同学认识我。

3.选择一种情况，小组合作练习

选一种你喜欢的情况作自我介绍，四人小组内互相介绍，然后听听组员的建议。（合作小贴士：说一说，评一评，改一改）

4.学生自由训练，教师巡视

5.推荐组员上台展示

6.交流互动：交际对象是谁？交际目的是什么？有没有可能达成

目的？有没有好的建议？（如果有时间，再次作自我介绍）

预设一：平常我们作自我介绍觉得挺简单，今天学完后发现要分清楚对象、目的和内容，有选择、有侧重、有特点地介绍。

预设二：还要用自己的方法讲一些有新意的内容，不能和别人说的差不多。

小结：是的，老师希望同学们以后每次作自我介绍时，都可以认清目的、分清对象，有选择、有侧重、有特点地筛选、组织内容，充满自信地介绍更好的自己，下课！

【点评：给学生充分的训练场景、训练时间，让他们自主选择一种情境，四人小组内交流。组内交流，重在学生展示自己的个人介绍，听者自觉转换身份，形成某一个方面的发现并给予意见和建议。小组汇报时，重在自我介绍的整合与梳理，其他学生可以适时补充，收放之间，引导学生前后关联，加深对优质自我介绍的理解、学习和运用。】

【板书】

自我介绍

对 象	目 的	内 容	姓名
新老师	认识我	有选择	兴趣、爱好
新老师	认可我	有侧重	年龄
快递员	认出我	有特点	性格
			理想
			……

五、教学评析

语文课堂上的口语交际，必须是一项真实有效的学习活动。本课的设计，教师努力从学生已有学习经验和生活体验入手，拟多样情境，顺着多样化的"情境场"提炼交际策略，引导学生习得介绍方法，践行真实评价，做好适切宣传。

（一）拟多样情境，炼交际策略

2022版课标提出"语文学习情境源于生活中语言文字运用的真实需求，服务于解决现实生活的真实问题。创设情境，应建立语文学习、社会生活和学生经验之间的关联，符合学生认知水平"。

本课的教学设计，教师紧密联系生活，利用新转来的绘画老师作为素材和串联点，先创设了三个情境，分别为情境一"面对新老师介绍自己"，情境二"应聘新老师组建的社团"，情境三"代新老师领取订购的快递"，第四个情境为学生自由选择一种生活中的情境。整堂课的内容就由这四个情境整合在一起，这些情境有的是教师创设的，品类较多；有的是学生演变的，延伸性强；还有的是学生自由选择的，训练余地大。在这一次次的情境模拟过程中，教师适时指导，让学生掌握自我介绍的技巧，也让学生乐于倾听，善于作出评价和反馈，勇于调整、修改自我介绍。

（二）行真实评价，做适切宣传

宣传类口语交际是以一方宣传介绍为主的交际模式，交际双方的互动更多是隐形的，更加考验讲述者是否能够时刻观察对方的反应，或是根据对方的提问、建议或评价，及时修整自己讲述的方式和内容。真实性评价是检验学生学习成效的一种评价方式，是基于真实任务情境的评价。

因此，在宣传类口语交际中，这种评价方式要求教师在教学中带领学生融入情境，合理设计，有效实施。例如，情境一"面对新老师介绍自己"，就是一个让新老师能"认识我"的真实情境，学生为了让老师尽快认识自己，肯定选择最引人注意的内容。情境二"应聘新老师组建的社团"，让新老师"认可我"，允许我加入社团。在教学过程中，在学生进入情境以角色身份完成自我介绍后，通过"这位新来的负责人老师，听完选手的介绍，你对他有了哪些了解？你会录取他吗？为什么？为了帮助他下一次更好地参加应聘活动，你对他的自我介绍有哪些建议？"等话语，逐步深入引导台下的学生沉浸于自己的角色身份发表评论，当台上的同学能根据台下同学的评论和自己的判断礼貌回应、反馈接纳时，这就是真实有效的学习活动。情境三"代新老师领取订购的快递"，让快递员"认出我"，顺利领取快递。这一情境教学中教师预设了两种不同的介绍形式：①与快递员当面交流作自我介绍；②与快递员电话交流作自我介绍。前一种是新老师与快递员毫无沟通的情况下，"我"去代领；后一种是事先在电话中告知快递员"我"的信息，其目的都是让快递员"认出我"。教学设计中的预设是为了无限接近生活，相对于前两种情境中的自我介绍，第三种情境更接近成年人的生活实际，所以，教师设计现场电话沟通这一环节，让学生瞬间有了情境感，更能考验学生在生活中的自我介绍及应变能力。

总之，口语交际教学需要教师始终明确教材提供的情境或者课堂展示的各种情境都只是一种样例，是可以更换的学习模式。在多样化的拟真情境中学生习得的自我介绍的方法、评价应对的能力都是能够迁移的，最终的交际目的是更好地宣传自己，与他人顺利沟通。

（胡珊珊　李秀蕾）

第三节
商讨类口语交际的教学研究与实践案例

商讨类口语交际以热点问题、公共问题为交际话题，以求同存异为交际风格。因此，在教学实践中，交际情境的设置和交际策略的选择都要符合宣传类口语交际的两个特质。

教学研究一：打造"圆桌化情境"

圆桌化的情境，意味着参与情境的人员都是围绕一个圆点（话题），保持相等的距离（地位）。

一、圆桌化情境的重要性及类型

商讨类口语交际在教材中编排的次数不多，但却引导学生在团队中发出自己的声音，培养他们的主人翁意识和友伴协同意识，是学生成为有独立意识的公民很重要的尝试。商讨过程中，学生之间可以有想法的差异，但不能有地位的主次轻重。因此，教师在组织口语交际时，要更多给学生创设圆桌化的情境，削减主次之分，引导学生聚焦同一个话题展开讨论、协商，并最终提出共同的意见，或是兼顾大多数人利益的方案。

商讨类口语交际的情境和话题，多源自学生身边的问题，主要包括社交问题和公共问题两种类型。具体如表2-6所示。

表2-6　商讨类口语交际的情境类型

册别	交际主题	交际情境与话题	情境类型
二（上）	商量	情境：①和小丽换值日；②和同学商量多借几天书；③和爸爸商量看电视 话题：遇到这些情况，你会怎样跟别人商量	社交问题
二（下）	图书借阅公约	话题：班里的图书角应该怎样管理	公共问题
三（下）	春游去哪儿玩	情境：投票选出最值得去玩的一两个地方 话题：我们去哪儿春游呢？这个地方有什么好玩的，可以开展哪些活动	公共问题
	该不该实行班干部轮流制	情境：三年级（2）班班干部是由同学轮流担任的 话题：该不该实行班干部轮流制	公共问题
四（上）	我们与环境	情境：人类的许多行为正破坏着我们的生活环境（四幅图片为例） 话题：①我们身边存在哪些环境问题？对人们的身体健康有什么危害？②为了保护环境，我们可以做些什么	公共问题
	爱护眼睛，保护视力	情境：开展本班同学的视力情况调查 话题：如何才能保护好视力	公共问题
四（下）	朋友相处的秘诀	话题：和朋友相处，最重要的是什么呢？	社交问题
五（上）	制定班级公约	情境：制定班级公约 话题：①提出班级建设的目标；②提出公约内容，分组讨论；③逐条表决	公共问题

册别	交际主题	交际情境与话题	情境类型
五（下）	怎么表演课本剧	情境：表演课本剧 话题：①学过的课文中，哪一篇适合演课本剧；②不同身份、性格的角色，适合分配给谁；③怎么演好故事中的每个角色	公共问题
六（上）	意见不同怎么办	情境：①一些城市在燃放鞭炮方面的政策不断摇摆；②我国南方某市为了拓宽城市道路，砍掉了道路两边生长了几十年的大树 话题：①该不该燃放烟花爆竹？②该不该砍行道树	公共问题

交际话题与交际情境彼此关联、互为因果、互相推进。因此，商讨类口语交际教学过程中，教师应创设圆桌化情境，通过让学生认同身份、认同想法，以实现形式上的公正和意识上的平等。

二、圆桌化情境的推进策略

商讨类口语交际以解决问题、交流思想为主要目的，以一对一、一对多或多对多的商量、讨论方式进行，对象很明确，做到以言达识、以言成识。因此，商讨类的口语交际需要营造具体情境，凸显"商讨"的交际语味，让学生身在课堂，却能在"虚虚实实、真真假假"的拟真语境中，学会文明地进行人际沟通和社会交往。

策略一：择取最近区，明确商讨"圆心"

维果茨基的"最近发展区"理论提出：教学应着眼于学生的最近发展区，为学生提供带有一定难度的内容，调动学生的积极性，发挥其潜能。对于商讨类口语交际教学而言，"最近区"应该有两个维度：一是交际话题要选择学生生活最近区，是学生熟知的、感兴趣的，通过商讨能达成共识的；二是交际能力目标是在学生交际能力的发展区，使学生通过学习、实践能达成的。观照这两个维度的最近区选择话题，明确商讨"圆心"，使"商讨"真正发生。

1.选择最近"话题"区，有话可商

选择适切的话题是口语交际有效开展的先决条件。其来源于学生真实生活、真实经历、真实需要的话题，更能打开学生的商讨话匣。但是，在实际教学中，教师往往把"课题""教材内容"作为话题，让学生商讨，导致学生无话可说，"假商讨"频生。因此，要在教材内容的基础上进行细化和创编，寻找"下位"的语境或话题。

四年级上册口语交际《我们与环境》中，提示"我们身边存在哪些环境问题？为了保护环境我们可以做些什么"？如果放手让学生讨论，话题不聚焦，"商讨"就无法发生，建议不能统一。因此，在教学之前，教师要让学生在课前进行调查发现，记录问题单；通过统计问题单，把多数关注的、发生在身边的话题凸显出来让学生进行分组商讨，如表2-7所示。这样分组商讨，使交际有"话"可说，真正做到"围绕话题，不跑题"，求同存异，最后形成具有针对性强、简单易行的做法，并能按照针对的问题不同，在不同的地方进行张贴，可以在小区里，可以在学校里，也可以在相关部门的布告栏里，如图2-5所示。

表2-7 《我们与环境》调查表

序号	发现的地点	发现的环境问题
1	小区里	路面上、花丛里，有小狗、小猫等动物留下的粪便，臭气熏天，影响环境卫生
2	学校里	厕所洗手盆边的水龙头忘记关了，形成了长流水
3	县江边	水面上有白色垃圾，有损文明城市形象，造成水资源污染
……	……	……

发现地点

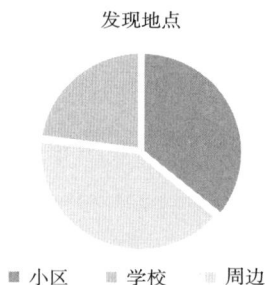

■ 小区　■ 学校　■ 周边

图2-5 调查结果统计图

以此思考，五年级上册口语交际《制定班级公约》教学中也需要考量学生的"最近话题区"，根据学生的生活经验，把"班级公约"细化分解为"讲文明、讲学习、讲纪律、讲诚信"等子话题；然后让学生选择自己感兴趣的、真实需求的话题，并和"志同道合"的人进行商讨，形成一次话题聚焦的"圆桌会议"；在倾听、发表中，形成"中和"的班级公约。

2.锚定最近"发展"区，有力可商

共同关注的话题（或者要解决的问题），让每一个学生有交际的欲望，但是"有米"还需"可炊"，也就是说，还要让每一个学生都把想说的话说出来、说明白，达到商讨的目的。这就要求，教师在确定"能力目标"时，要前后勾连、循序渐进，并在教学动态中逐一落实，层层提升。

四年级下册口语交际《朋友相处的秘诀》的教学要达成三个能力目标：一是根据讨论的目的，记录重要的信息；二是分类整理信息；三是有条理地汇报。当然还要复习锤炼"商讨的一般能力"，比如，"轮流发言""不跑题""注意音量"等已经具备的能力。因此，在教学中教师要基于学生交际能力的起点，让学生围绕话题提出三个建议，交流中指向"不跑题"；组建讨论小组进行发言、记录，展示商讨的"现场镜头"，并出示发言记录单，落实"记录重要的信息"这一能力点；小组再次商讨，"合一合""删一删""调一调"，形成小组商讨成果，达成"分类整理"目标；选取小组进行汇报展示，能根据"分类整理的重要信息，进行有条理的汇报"。以上教学以"商讨"为交际形式，每一次活动都有明确的能力发展要求，并努力让学生在已有的商讨能力的基础上，"跳一次，摘一次果子"，最终达成本课教学要落实的三个能力目标。

根据以上提示，要明确"商讨类"口语交际各个学段的能力目标：第一学段关注"有礼貌的商讨"，第二学段关注"围绕话题进行商讨"，第三学段关注"有观点有理有据的商讨"，层层递进，构建一个"商讨类口语交际"的能力培养体系。要根据这一类的能力培养体系，创编适合学生能力发展区的语境或话题，体现"商讨能力"的发展轨迹。

策略二：创编语境串，形成商讨"气氛"

商讨类口语交际的教材中一般会安排几个具体的商讨语境：支架型语境（提供表达样态）、话题型语境（提供话题方向）、任务型语境（提供学习任务），教学中要精心处理、合理设计，使这些看似散碎的语境"成串成圆"，让学生在一个全语境链中商讨，不跳脱语境，进行沉浸式的表达与倾听，达到商讨的目的。

1.时空式语境串，在"生活场域"中商讨

时空，即时间与空间的集合，任何事物都处在一定的时间和空间中，有序发生、发展，口语交际也是在时空交集中完成的。因此，教师利用时空特性，把教材中静止的文字、单独的语境或话题串联起来，通过一个时间序列或空间转换、叠加，围绕"商讨"这个原点，形成一个完整的拟真生活场域，引导学生开展"商讨类"的口语交际活动，从而获得较为真实的过程式商讨体验。

二年级上册口语交际《商量》中，教材提供了三个交际话题："你想和小丽调换一下值日的时间""向同学借的书没有看完，想再多借几天""最爱看的电视节目就要开始了，但爸爸正在看足球比赛。"在教学中，如果单个、零碎、机械地完成话题任务，那么学生会经常切换身份，导致商讨"不在线"或是商讨力的简单平移。细读教材，其实这三个话题都与学生日常生活息息相关，可以通过"时间空间转换"的形式，把教材中的三个话题串起来，变成"连续剧"，让学生进入"我"的生活圈，进行"商讨"，如图2-6所示。

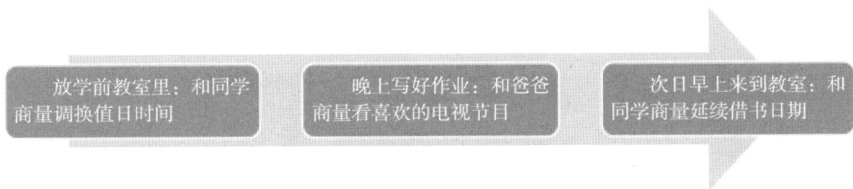

| 放学前教室里：和同学商量调换值日时间 | 晚上写好作业：和爸爸商量看喜欢的电视节目 | 次日早上来到教室：和同学商量延续借书日期 |

图2-6 《商量》语境串

在教学时，教师通过话语引导、媒体渲染，让学生进入具体的生活场域中，成为交际的主体。这样把教材的意图转化为学生的日常需求，学生会根据"时间、场地、对象、语境"的需要，进行自主式的商讨活动。教师利用营造的连续语境串，引导学生进行自我评价与自我调适，从而达到教学目的。以上设计以"我跟谁商讨什么"为框架，在不同的场域中进行"一对一"的商讨，让"我"一直在线，不断提升学生的"商讨"能力。

2.任务式语境串，在"问题解决"中商讨

任务式语境串以"任务驱动"原理为基点，通过组建承接式、挑战式、阶梯式的"交际任务群"，为学生提供体验实践的情境，围绕任务展开交际，并以"问题解决"完成程度来检验和总结学习过程，并建构商讨的交际模型，使学生获得口语交际的能力。

四年级上册口语交际《我们与环境》和《爱护眼睛，保护视力》同属商讨类口语交际，从教材内容的呈现可以发现，这两则都有同样的任务流程"调查发现—交流看法—形成终稿"，很难以"时空语境串的方式"组织教学，我们可以以"任务推进"的方式来组织教学，如图2-7所示。

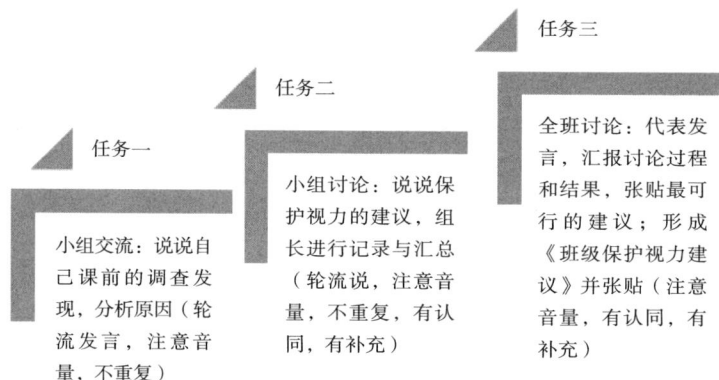

图2-7 《爱护眼睛，保护视力》任务串

在具体教学中，教师以教材小贴士的要求为教学原点，围绕商讨"圆心"，组成三个交际圈：个体发表圈、组内讨论圈、全班汇总圈，让学生以任务叠加的方式进行。同时，三个任务从易到难，从个体到群体，开展进阶式的商讨交际，而且围绕"形成《班级保护视力建议》"目标，分解过程，在一次次任务完成中，开展真实的商讨活动。

除了教材中安排的话题组、任务流程，有时候教师还会根据教学需求，增加或拓展一些任务或话题，在教学中也要考虑"语境的一以贯之"，与前面的交际形成一条链，防止学生跳脱商讨语境。

策略三：植入角色感，走进商讨"圆桌"

口语交际教学要唤醒学生的角色意识和对象意识。"角色意识"就是要求学生明白在拟真的语境中自己所承担的身份，明确"我是谁"；"对象意识"就是要明白受话者的身份，能站在他人的角度去思考问题，并融合自己的想法，从而达到理想沟通的效果。商讨类的口语交际要开展"圆桌式"的表达交流活动，更要明确当下自己的身份和他人身份，以此推进有意义的圆桌商讨。

1.听说转换，有商有量

课堂活动要保证全面、全体参与。口语交际的课堂活动既要有"说"，又要有"听"，因此教师要让每个学生参与到"听""说"中来。商讨类的口语交际要追求"有商有量"的讨论氛围，这就需要学生在课堂中转换身份，有时是表达者，有时是听讲者；听的时候"量"，衡量、估计、揣摩，说的时候"商"，计议、决论，使商量不断线。

五年级下册口语交际《怎么表演课本剧》的教学中心是"怎么"，关键在于商讨"怎么选，怎么分，怎么演"三个话题，而不在于"表演"，同时教材明确要求"轮流做主持人，其他组员既要清楚地表达自己的想法，又要认真听取别人的意见"。在教学中，教师组织学生轮流做主持人，同时扮好"中间人"的身份，在商讨的语境中引导学生转换"听"与"说"，从而用心去听、用心去表达。比如，在讨论"分角色"的时候，主持人发出讨论话题，组员轮流发言，教师可以通过现场采访或情境对话："这位演员，刚才发表的意见，你同意吗？""她这样和你商量，你有什么感受？""请你也和他商量商量。""你觉得这样和他商量，他会同意吗？"……用这样的形式考查学生是否"清楚表达""认真听取"，而且保证学生不从语境中跳脱。

同样，三年级下册口语交际《该不该实行班干部轮流制》、六年级上册口语交际《意见不同怎么办》，关注点也在于"该不该""怎么办"，需要学生在课堂学习中不断转换身份：或发言者，或倾听者，或主持人。因此，教师在教学中除了要营造圆桌式的交际场景外，还应该通过自己的引导、学生的自我评述，让学生明确自己当下的"身份"，并从不同的角度和他人商讨。

2.场景代入，有情有味

口语交际需要营造特定的场景，才能让学生"在场"。通过一定的教学手段，或教师描述带入，或课堂背景渲染，或道具服化加持，让"彼时""彼处"的真实生活移至"此时""此刻"的拟真场景，从而增强"圆桌感"，使商讨变得有情有味、亦幻亦真。

二年级上册口语交际《商量》一则中有三个"场景"：客厅爸爸看电视、放学前的教室、课间和同学商量。为了让二年级学生有一种"在场感"，教师边描述边切换课件背景，同时进行角色扮演（戴上红领巾是"同学"，贴上小胡子是"爸爸"），让学生和"爸爸"商量，在特定的情境中让学生商量。六年级上册口语交际《意见不同怎么办》一则中，教师可以先播放一段新春佳节烟花绚烂绽放的场景，让学生感受"过年"热闹喜庆的氛围；在具体讨论时，用"身份贴"的形式（随机抽选）确定身份，并根据身份的不同拟定意见；教师把教室变成会议室，把课桌变成圆桌，让学生用现场的身份发表意见。根据年段不同、内容不同选择适合的场景，一个头饰、一个身份贴等都可以达到"移情""共情"的效果。

另外，商讨类口语交际教学中，教师可以给学生安排圆环、圆弧、四边小组、三角小组的座位，让参与讨论的学生拥有同一个"圆心"，以座次或是座法来认同平等的身份。同时，教师还可以给学生明确个体身份，让学生明白自己代表某一个人（包括自己）或是某一类人发声。商讨过程中，教师应该少肯定、少反对，多串联、多比对，让每一个想法都成为引起大家关注的想法，以保障参与商讨的学生，都拥有意识上的"圆桌"。

总之，教师对"商讨类"口语交际教材、教学的深入思考、创造，明确商讨"圆心"，形成商讨"气氛"，组建商讨"圆桌"，让商量讨论贯穿口语交际课堂教学的始终，为学生真实的表达提供了语境支持，从而促进学生口语交际能力的综合提升。

教学研究二：实施"融通式交际"

"整套教材编排的47次口语交际，努力培养学生的目的意识、角色意识、对象意识、场合意识，使学生在真实的交际情境中学会尊重他人、礼貌待人，使学生具有文明和谐地进行人际交流的素养。"但是，因为商讨类口语交际的话题大多触及多方的利益和观念的分歧，交际过程中尊重他人、礼貌待人，文明和谐地进行人际交流就显得更为困难。因此，基于礼貌原则（共情、信任、乐群）与合作原则（合作）的融通式交际策略才能积极推动商讨，促使交际各方达成共识。

一、融通式交际的重要性和能力维度

融通，即融合通达、融会贯通。口语交际与其中的协作能力、交往能力息息相关，商讨类口语交际与华师大袁振国教授在《中国青少年社会与情感能力发展水平报告》中提及的协作能力关系密切，商讨过程中，既要达到情谊的融通，也要实现观点的融通。

其一，情意的融通需要交际双方能够做到互相尊重，友好协商。主要体现在三个方面：一是语气平和，在商讨过程中意见不一致是常态，此时语气平和不尖锐就成了情意融通的重要保障；二是耐心倾听，商讨过程中，学生常常会急于表达自己的观点，此时耐心倾听不随意打断对方的发言，是情意融通的有效保障；三是控制时间，商讨有时间限制，在既定时间内控制自己的发言，给他人留出表达的时间，这也是情意融通的有力保障。

其二，观点的融通需要交际双方都能做到"有理有据，理性商讨"以及"求同存异，柔性商讨"。"有理有据，理性商讨"主要体现在三方面：一是能够提出自己的观点；二是能根据观点说清楚理由；三是能分条说明理由。"求同存异，柔性商讨"主要体现在两方面：一是做到进退有度；二是通过集体表决来达成共识。

二、融通式交际的实施策略

为了清晰表达内容，通过情谊融合和观点融合，达到友好商讨的语用目的，学生则须更加关注神态、时间等交际细节，学习并运用理据结合、分条说明等更多条理化的表达方法。

策略一：关注细节，友好商讨

笔者梳理"商讨类"口语交际教材内容发现，参与商讨类口语交际时，应遵循礼貌原则，在"小贴士"中就多次明确提出了关于礼貌原则的相关要求，即与他人商讨时要注意自己的语气、注意控制音量、要做到耐心倾听、在商讨时要注意控制时间等。

在商讨时遵循礼貌原则，可以使参与交际的双方在交际中都处于愉快舒适的交际氛围中，体会到互相尊重、互相理解所带来的愉悦，以此达到商讨目的。因此在商讨过程中，教师要对学生是否遵循礼貌原则做出及时反馈，给予适宜的评价激励和点拨引领。

1.张贴"小表情"，提示语气平和

发起商讨类口语交际，往往基于实际生活的需要，或是需要请他人协助而主动发起商量，或是有问题需要解决而共同展开商量。无论是哪种情况，参与者多带有焦虑或是苦恼的情绪，而这样的情绪对解决问题无法产生积极影响。因此，参与商讨类口语交际时，"语气平和"是基础，在此基础上，也可以略带其他表达亲近的语气。对此，教师可借助"小表情"，对学生的交际行为进行评价，凸显学生交际的情意态度，提高交际商讨的效度。

例如，在二年级上册口语交际《商量》中，就明确提出"要用商量的语气"。在教授本课时，教师借助三步努力使这一目标顺利达成：第一步，先借助小视频创设"换值日"的情境，引导学生发现商量成功的秘诀是使用商量的语气。第二步，借助观看商量成功的视频，让学生明白如果商量没有余地也要理解，做到语气平和；如果商量有余地要进行再商量。第三步，让学生学习商量，选取几个小组上台表演，其他人进行指导，通过"小表情"贴一贴进行评价，如果使用了"行吗、好吗"等商量的语气，商量不成功也能做到理解，语气平和就给予笑脸，反之则给予哭脸，如表2-8所示。

表2-8　表情指示

评价指标	贴一贴	
能把自己的想法说清楚	😊	🙁
商量时使用商量的语气	😊	🙁
商量不成功也能做到理解	😊	🙁

2.设立"小评委"，督促耐心倾听

商讨类的口语交际，交际双方互为主体，双方的听和说同样重要，这也是对彼此的尊重。实际上，学生在商讨过程中，尤其在意见不同的时候，往往会迫切地表达自己的想法，以致忽略了耐心倾听对方的意见，这不利于准确、全面理解他人的意见，更不利于商讨的推进。因此，"耐心倾听"，是学生在商讨类口语交际课上要学习的重要交际礼仪之一。学生除了要做一名"优秀"的表达者，更要努力做一个"合格"的倾听者。同样，教师在评价时，倾听作为其中一个重要维度不可或缺。

例如，在三年级下册口语交际《春游去哪儿玩》中，就提出了"耐心听别人讲完，尽量不打断别人的话"的要求。在教授本课时，教师可以利用小组合作任务单的形式，引导学生从表达和倾听两个方面关注细节，开展文明交际活动，如表2-9所示。

表2-9 《春游去哪儿玩》小组合作任务单

我会说	我会听
①我能向小组成员说出一条自己最想推荐的理由	①我能耐心倾听，尽量不打断别人说话
②作为记录员，我能有序汇总、记录	②我能在认真倾听后提出好的建议、补充相关图片或者资料
③作为汇报员，我能模拟汇报给小组成员听	③我能认真倾听，提出建议和意见

通过表2-9，我们发现合作小组在对"春游去哪儿玩"这一话题展开商讨时，小组成员分工明确，"推荐员""记录员""汇报员"成为表达者，而剩下的组员成了倾听者，合作任务单中通过"我会说"和"我会听"明确了表达者和倾听者的具体要求。而在举行"春游地点"推荐会上，教师根据合作任务单中的相关要求，开展真实情境下的互动交际活动，设定了交际任务单和评价标准，如表2-10所示。

表2-10 《春游去哪儿玩》交际评价单

评价内容	评价标准	评一评
我会说 （我能给他评一评）	有序地说清楚理由 声音响亮、仪态自信	
我会听 （我能自己评一评）	耐心听别人把话说完，尽量不打断别人的谈话 认真倾听，听完后提出建议和意见	

在举行"春游地点"推荐会上，此时上台汇报的小组成为"表达者"，台下的小观众成为"倾听者"展开他评和自评，既对上台汇报小组成员的表达能力进行评价，同时也对自己的倾听能力展开评价。

在评价内容上除了聚焦"说"以外，还关注到了"听"，借助小评委评价的方式对学生的听说能力和交际行为进行评价，以此来提高商讨的效度。

3.借助"小钟表"，自觉控制时间

由于商讨类口语交际双方互为主体，交流的意见中不存在非常明显的主次之分，在参与商讨的过程中，交际双方都需要注意控制发言的时间，在清楚表达个人想法的同时，既不能夸夸其谈搞"一言堂"，又不能不予以回应使谈话"冷场"，交际双方在商讨过程中的时间相对来说是"相应平等"的。这在多方参与的商讨中，显得尤为重要。

例如，在五年级上册口语交际《制定班级公约》中，教材就明确提出了"发言要控制时间"的要求。在交流时，教师可以借用"小钟表"限定合作交际时间，使小组里面的成员在相对有限的时间内尽可能做到人人"有话可说"。在评价环节，教师也可以采用"小钟表"的形式，关注小组每一成员的大致发言时间，以此作为交流评价环节中的一个评价指标。

策略二：有理有据，理性商讨

商量时，交际双方都要做到有理有据，一般都会采用"观点+理由"的方式进行表达，为了使理由更充分、更全面，表达时还可以进行分点说明，从合理和清晰两个维度，实现"以理服人"。

1.明确身份，观点先行

理性商讨，首先需要"理直"。在商量过程中，交际双方通过言语商讨、思维碰撞来寻求帮助，达成共识，一开始就应该明确提出自己的观点。

比如，在三年级下册口语交际《该不该实行班干部轮流制》中，对于这个话题大家有不同的观点。在商讨过程中经常会发生这种情况：一方提出观点之后另一方急于反驳，但是在表达时却忘记表明自己的观点。此时，教师应该为学生提供相应的发言模板，以供学生参考使用。教师告诉学生，在商讨时从一开始就应该勇于亮出自己的观点，用上"我认为：_____（该不该）实行班干部轮流制"这种句式来表达自己的看法。

又如，在六年级上册口语交际《意见不同怎么办》中，对于书中的两个话题"是否燃放烟花爆竹"以及"是否砍行道树"，不同岗位的人，他的想法也是不同的，此时，教师应该引导学生用上"我是_____（角色），我认为_____"这样类似的句型来表达自己的观点。

2.选材适切，"据"来补充

明确了自己的观点，要想让自己的观点"有理有据"，还需要适切的材料来支撑自己的观点。

首先，理据的选择，要适切观点。没有理由作为支撑的观点是没有说服力的，同样，理由与观点不匹配、不适切，也无法让人信服。比如，在教授《该不该实行班干部轮流制》一课时，教师就鼓励学生进行辩论，以论证理由的匹配性。

其次，理据的选择，要适切身份。站位不同，所能找到的理据自然也不相同。在教授六年级上册口语交际《意见不同怎么办》一课时，教师让学生根据自己不同的角色提出观点，并且选择生活中的例子来支撑自己的观点。

最后，理据的选择，要适切受众。要把理由说清楚，学生可以采取各种不同的方法。教师既可以引导学生通过比较两个事物来说清楚道理，也可以通过举例子使理由更充分，还可以借助名言或诗句、做假设等方法说清楚理由。不管采用哪些理由何种方法，学生还需要考虑交际的另一方。比如，在教授五年级上册口语交际《父母之爱》时，针对教材第一个情境中的李刚爸爸，教师可以向学生出示三个不同的李刚爸爸：爱阅读的李刚爸爸、爱社交的李刚爸爸、尊重妈妈的李刚爸爸。学生针对不同的交际受众（李刚爸爸），选择适切的理据，最大限度发挥理据的作用。

3.分条说明，"理据"并行

只有做到"理"字先行，"据"来补充，"理据"并行，才能做到真正有理有据、理性商讨。此时，我们可以将理由进行分点阐述，使之更清晰、更合理。

同样以三年级下册口语交际《该不该实行班干部轮流制》为例，教师在教学时既可以将理由分条目说清楚，也可以使用"第一……第二……第三……"，还可以使用"可以……可以……还可以"这样的连接词，把理由和想法说得清楚有序，为学生提供说出理由的支架，鼓励学生说出一条或者多条理由。

在小组讨论过程中，教师会发现学生的理由可能存在雷同，此时为了使观点更明晰，教师可适时将理由进行合并、补充或归纳。

比如，在教授五年级上册《制定班级公约》这一课时，教师先让学生独立思考，罗列出几条意见；再进行小组讨论，在小组讨论环节会发现组员之间提出的意见有重复的，此时可将重复的不可操作的意见去除，保留具体可操作的；经过汇报表决出适用于本班的班级公约；在撰写班级公约时，为了使公约更富有条理，更易于被人记住，教师要对公约从"学习""纪律""卫生"等方面进行分类。

策略三：求同存异，柔性商讨

商讨类的口语交际是一种双向性的信息交流活动，交际双方既是交际的对象，又是交际的主体。因此，双方的默契配合是交际持续和成功的重要保证。发起商量，就意味着要充分包容大家的想法、观点和态度，因此，在不违背大原则的前提下，尽量做到求同存异。

1.进退有度，求同存异

商讨类的口语交际以商讨为核心，以达成共识为目标。为了实现"以言成识"的商讨功能，交际双方即使观点不尽相同，但是整体目标是一致的。因此，商讨时要尽可能换位思考，进退有度、求同存异。

这里的"进"指的是在发起商量的过程中，要勇于向大家亮出自己的观点，做到有理有据。例如，在教授四年级上册口语交际《爱护眼睛，保护视力》中就提出了"如果想法接近，可以先表示认同，再继续补充"的要求，这里对于与自己意见相同的想法表示赞同，而后提出补充，就是所谓的"进"。

但是对于与自己不同的观点，也要做到"兼容"，做到适时地"退"，以求进退有度，柔性商讨。

例如，在三年级下册口语交际《该不该实行班干部轮流制》中就提出了要"尊重不同的想法"。在六年级上册口语交际《意见不同怎么办》中，也提出了"要尊重不同意见"的要求，即使对于与自己意见不同的观点，也不一味否认，而是尊重他人不同的观点，这就是所谓的"退"。在教授本课时，教师以四人小组为单位，开展了一次"春节期间该不该燃放烟花爆竹"的讨论会，一教师设计了如下的汇报单让四人小组展开汇报，如图2-8所示。

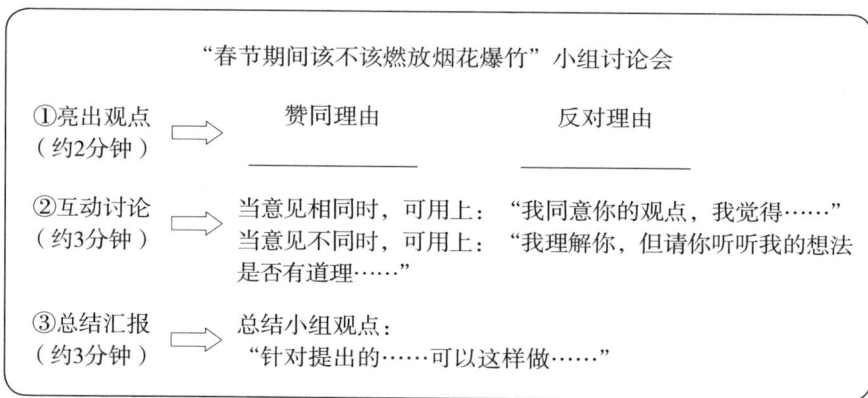

图2-8 "春节期间该不该燃放烟花爆竹"小组讨论会

2.集体表决，达成共识

教师在整理大家的看法时，既需要通过罗列、归并、排序等方法，将不同想法条分缕析，也需要通过集体表决，用集体的、多数人的意见来推动最终结论的形成。

例如，教师在教授五年级上册《制定班级公约》一课，小组讨论时，小组成员合作讨论保留具体可操作的公约，然后在正式撰写班级公约前，还需要将每一小组所保留的公约进行汇报表决，经过汇报表决出适用于本班的班级公约。

又如，在教授六年级上册《意见不同怎么办》一课时，针对"春节期间该不该燃放烟花爆竹"，教师设计了如下的小组汇报单，以求得出最终的结果，如图2-9所示。

```
┌─────────────────────────────────────┐
│ 讨论话题：春节期间该不该燃放烟花爆竹？ │
└─────────────────────────────────────┘
                  ⇩
┌──────────────────────┐  ┌──────────────────────┐
│ 赞同的组员有____位，理由是： │  │ 反对的组员有____位，理由是： │
│                      │  │                      │
│                      │  │                      │
│                      │  │                      │
└──────────────────────┘  └──────────────────────┘
                  ⇩
        ┌─────────────────────────────┐
        │ 最后，我们小组认为：           │
        │                             │
        │                             │
        └─────────────────────────────┘
```

图2-9　"春节期间该不该燃放烟花爆竹"小组汇报单

总之，基于礼貌原则和合作原则的融通式交际策略，使商讨类口语交际在"互相尊重，友好协商""有理有据，理性商讨""求同存异，柔性商讨"的基础上做到了"以言来成识"，真正提升了口语交际的效度，从而促进学生口语交际能力的综合提升。

实践案例一：《爱护眼睛，保护视力》

《爱护眼睛，保护视力》是一篇有"商讨"功能的口语交际，学生通过调查其他同学近视的情况，讨论近视的原因以及保护视力的建议，从而了解保护视力的重要性，提高爱护眼睛、保护视力的意识。

教材内容主要分为三部分：第一部分引出交际话题。首先，告诉学生眼睛的重要性和脆弱性，我们要保护它。接着，从不良用眼习惯和良好用眼习惯两个方面创设情境，让学生在情境中勾连生活实际。第二部分提出活动的开展形式和要求——调查本班同学的近视情况，小组合作分析成因，提出具体的建议和措施，最后进行分享。第三部分是交际提示，以"小贴士"的方式提醒学生在小组讨论过程中，做到"注意说话的音量，避免干扰其他小组"和"不重复别人说过的话，如果想法接近，可以先表示认同，再继续补充"。

从教材内容的呈现我们发现，本次口语交际可以以"任务推进"的方式展开教学，包括"调查发现—交流看法—形成建议海报"三个阶段。如何使学生在这三次商讨中做到"言有礼度"、互相尊重和"言有进退"，学会不重复别人说过的话，先认同别人的看法再补充，最后达成结论共识，是本次教学的重点，也是笔者本文论述的重点内容。

一、教学主张：商讨之道贵有法

每课的口语交际中，都会提供交际小贴士，其内容是该次口语交际的学习重点，也就是交际要达成的目标。在开展口语交际时，教师应该以小贴士为导向，着重锻炼相应交际能力。商讨类口语交际的小贴士中，往往包含了商讨之道——礼度和进退。

1.文明商讨，言有礼度

本次口语交际《爱护眼睛，保护视力》中的两条小贴士是："注意说话的音量，避免干扰其他小组"和"不重复别人说过的话，如果想法接近，可以先表示认同，再继续补充"。这两条小贴士里都提示了商讨类口语交际需要遵循的礼貌原则，即为言有礼度。言有礼度，意味着在商讨过程中要有礼貌、有尺度，能让交际各方在交际中处于愉快舒适的状态。

之前的几次商讨类口语交际，也提出过相关要求：二年级"用商量的语气把想法说清楚""发表意见，一个人说完另一个人再说"；三年级"耐心听别人讲完，尽量不打断别人的话""尊重不同的想法"……本次交际在交际礼仪上对学生提出了更高要求——选用适当的音量，既能亮出自己，又不影响别人；能勇敢地表达自我，也能尊重他人不强势；既能坚持观点，也能认同对方。只有达成尊重这一共识，商讨才能朝着更好的方向进行下去。因此，商讨需要有礼有度。

2.有效商讨，言有进退

在商讨过程中，学生的主动表达不是难点，因为之前已经学习过"把自己的想法说清楚""主动发表意见""说清楚理由和想法""先表明观点，后说清理由"等交际方法，但商讨中往往会出现学生自顾自说，只注重自我表达而忽略别人的想法，因此产生重复别人的话、重复别人的想法这类现象，大大降低商讨的效率和质量。

笔者认为，本次商讨难在如何清晰表达自己的想法之后，也要在一定范围内接受他人的想法。不仅能清晰地表达自己的想法，还能够学会倾听，不重复他人说过的话，在表示认同的前提下继续补充自己的想法，并在交际过程中有进有退，友好地商讨。

二、初教反思：商讨之法须有招

围绕《爱护眼睛，保护视力》这节课，笔者先后进行了两次教学，形成了初教和再教两份不同的教学设计。初教时，本次口语交际这一话题是基于学生的实际需求，在教学伊始采访小近视眼，说说近视给我们的生活带来了哪些影响，从而打开话题，使学生产生共鸣，体会到近视给我们的生活带来很大的影响。

接着笔者继续创设真实的情境，出示班级同学三年来的视力情况分析汇总表，感受身边近视的同学越来越多，爱护眼睛，保护视力已经迫在眉睫。真实的交际情境唤起学生交际的需求，并勾连起他们真实的生活体验，让学生情不自禁地进入交际场。因此，初教时，激发学生交际需求这一目标落实得比较好。

但正如上文阐述，在商讨过程中讨论者没有很好地形成"言有礼度"和"言有进退"意识。初教时，学生未能做到有礼有度且有进有退地进行商讨，致使在商讨中出现剑拔弩张、没有礼度的现象，整体效果不尽如人意。

1.未把握交际尺度，商讨缺礼仪

其一，不少学生对这个话题很感兴趣，在商讨过程中比较兴奋，扯着嗓子大声说话，音量过大影响了其他小组的讨论。也有小组商讨时比较腼腆，音量过轻，听不清组员的发言，从而缺少了商讨气氛。殊不知，商讨时，需要控制音量，不要过重，也不能过轻，才能更好地进行商讨。

其二，有的学生在小组商讨过程中没等同学把话说完就随意打断别人的发言。也有的学生在商讨过程中，眼睛不看着发言的同学，飘忽不定一直走神，没有做到尊重对方。殊不知，商讨要有礼有度，本课对学生认真倾听、互相尊重等交际品质提出了更高要求。

2.未掌握交际策略，商讨欠有效

一是达成共识但比较僵化。很多学生明确本次口语交际的策略"不重复别人说过的话"，但在商讨中依旧重复别人说的话，即使在表达的时候先对别人的想法表示认同，而后面的补充依旧重复之前同学的想法，表达比较赘述，交际策略变成了一句套话，未能真正做到言有进退。

二是交际策略不能一以贯之。不少学生在通过示范、教师引导后，针对教师当时抛出的问题能做到不重复别人的话，先认同其想法然后进行补充。可是问题在于不能把这个交际策略一以贯之，当走进另一个商讨圈时，依旧自说自话，把有进有退这一交际策略抛之脑后，没有真正内化于心，外化于行。

143

三是商讨时剑拔弩张。不少学生在商讨时发表自己的意见，七嘴八舌，只会"进"不会"退"，更多地在意自己的想法，未能很好尊重别人的发言，导致商讨过程中气氛比较紧张，不和谐，缺少柔性。

三、改进成效：商讨之招有策略

笔者在教时着力运用融通式的交际策略，让学生言有礼度，和谐友好地进行商讨，并且在三次商讨中，学生从浅入深地学习"不重复别人的回答，先认同后补充"这一交际策略，积极推动商讨促成共识。

（一）言有礼度，和谐友好促商讨

运用融通式交际策略，能让学生在商讨的过程中，既达到情谊的融通，也能够求同存异，达到观点的融通。因此在商讨中，既要注重"有礼有度"的交际礼仪，也要有进有退，柔性商讨，积极推动商讨达成共识。

1.认真倾听，有序商讨

在讨论近视的原因时，教师请了一个四人小组来进行示范讨论，学生评价时关注到交际的策略，却未关注他们讨论时的礼仪。在他们讨论时，随机拍下一位同学讲其他几位同学听的照片，启发他们："你觉得他们在讨论的时候，体现了哪些交际礼仪？"

生1："这位同学在发言的时候，其他同学的眼睛都是看着他的。"

生2："而且同学发言的时候，他们都认真地倾听。"

师："是的，这个小组的同学在讨论过程中眼睛都看着发言的同学，这是对同学的尊重，也是一种礼貌。除了这点外，还有什么要注意的礼貌事项吗？"

生3："这位同学发言的时候，其他同学没有打断他，而是等他说完再补充。"

就在这样的示范与点评的过程中，教师让学生明白商讨中要有礼有度，认真倾听，尊重别人的发言，从而形成和谐融洽的商讨氛围。

2.控制音量，友好商讨

本次口语交际的小贴士提出"小组讨论时，注意说话的音量，避免干扰其他小组"。而学生进行商讨时，缺乏音量意识，不会控制音量，有些小组讨论的声音过重，有些却过轻，影响讨论的效率和质量。

在全班大讨论前，教师抛出了一个问题，请同学们提建议。

师："刚才老师请了一组同学进行讨论，周围同学非常安静地在听他们讨论，现在我们所有小组要同时展开讨论，在音量上要注意什么呢？"

生1："声音要重一点，这样才能让小组成员听到我的发言。"

生2："我同意他的想法，声音太轻的话别人都不知道你在说什么，无法讨论。"

生3："声音要轻一点，不然会影响其他小组的讨论。"

生4："我觉得声音太重了不行，太轻了也不行，我们要控制自己的音量。"

师："大家考虑得很周到，所以，当我们集体展开讨论时，我们的音量既能让小组里的同学听到，又不影响其他人。"

在之后的讨论中，学生开始注意控制音量，也有了音量意识。

（二）言有进退，认同补充达共识

言有进退，是商讨类口语交际中一种非常重要的交际策略。在清晰表达出自己的想法之后，也要在一定范围内接受他人的想法。这就意味着交际过程中要有进和退。

在教学中，学生应明确语言的"进"，一是指单纯地认同对方的想法；二是指积极整合，把几位同学的想法兼容用自己的语言表达；三是指在认同的基础上进一步补充。而语言上的"退"则是迁就与退让，充分包容大家的想法和意见。言语有尺，进退有度，是本节课要达成的重点与难点。

商讨过程中，我尽量引导学生针对同学的想法进行评价，是否认同，有无补充，让每一个想法都能成为引起学生关注的想法。并且，提示学生在商讨过程中要有一定的进与退，不仅能清晰表达自己的想法，还要学会在认同中进一步补充。本节课从三个层面展开商讨。

1.第一次商讨：初识"言有进退"

第一次商讨是在个人发表圈中，指名学生根据班级视力情况的柱状图分析同学们的视力情况，因为柱状图的信息比较少，势必会出现学生重复回答的情况。在交流中，教师趁机提问："谁来评价他们几位同学的发言？"

生1："这几位同学的回答，虽然表达的方式不同，其实说的意思是差不多的。"

师："如果我们的想法差不多，可以怎么说呢？"

生2："同学说过的内容，我们就不要再次重复了。"

生3："是的，我们可以先表示认同，然后对他的想法再补充。"

师："是啊，我们在讨论的时候尽量不重复同学的回答，不重复就可以提高小组讨论的效率。所以，交际小贴士里也提醒我们不重复别人说过的话。如果想法接近，可以先表示认同，再继续补充。"

这样让他们生生互评中，更好地发现同学的回答有重复，影响讨论效率。在教师的点拨引导下让学生明白在交流补充时不重复别人的回答，先认同后补充这一交际策略。

2.第二次商讨：初试"言有进退"

第二次商讨时，教师先请一个四人小组，针对近视形成的原因展开讨论。其他同学尝试运用第一次商讨时学习的交际策略，继续评价他们组的讨论。

生1："他们这组同学交流了近视的四种原因，都没有重复对方说过的话。"

生2："他们小组讨论的时候，第二位同学在表达自己想法之前先认同了第一位同学的观点，这一点我觉得他做得很棒。"

师："正如大家所说，这组同学在讨论过程中没有重复别人说的话，当对方的想法和自己差不多时，先认同他的想法然后继续补充，很好地运用了我们刚才学习的方法，非常厉害！"

师："近视的原因还有很多，谁能联系生活，继续补充视力下降的原因呢？"

生3："现在很多小朋友玩电子设备的时候或者趴着或者躺着，姿势都不正确。"

生4："我认同他的想法，我要对这位同学的想法进行补充，我觉得不仅使用电子设备的时候，看书写字的时候坐姿不端正也会导致视力下降。"

师："同学们很了不起，每位同学对相同的观点表示认同，有些同学还对同样的想法进行补充，把近视的原因说得更全面了。你看刚刚是一个小组讨论，现在全班讨论的时候也可以用到不重复会补充的方法。"

请一个四人小组讨论，其实是对前面个人发表圈中学到的交际策略进一步内化，让学生持续关注是否做到"想法接近的时候，先认同后补充"，也让学生在评价中学会先认同后补充，然后继续围绕近视的原因进行全班大讨论，学生在表达、认同和补充的过程中，将交际策略一以贯之。

3.第三次商讨：运用"言有进退"

在第三次商讨时，学生先在组内商讨爱护眼睛的好建议，形成组内意见后再进行全班大讨论，我持续地追问"听了他们小组的汇报，你们有什么补充吗"？不少小组在交流中认同对方的想法，积极整合并进一步补充，把爱护眼睛的建议海报不断完善。

课堂的尾声，我抛出了一个问题：通过这节课的学习，你觉得商讨的过程中我们要注意什么呢？学生纷纷交流自己的收获。

生1："我们在讨论的时候尽量做到不重复别人说过的话，如果想法接近，可以先认同后补充。"

生2："我知道了小组讨论的一大法宝，一定要认真听同学的发言，如果和他想法差不多，我可以先表示认同，然后继续对他的想法进行补充。"

前两次商讨的交际策略是教师进行总结，在最后一次商讨时，我让学生总结商讨时需要注意什么，从而把交际策略进一步强化，让"想法接近，先认同后补充"的交际策略在实践中不断内化于心。

在整堂课中，教师是中立的主持人，对于同学的回答做到少肯定、少反对。让学生在一次次亲身体验和实践中，在"听"与"说"呈现动态的交互过程中，自主领会：交流时不要重复别人的话，做到先认同后补充，开展真实的商讨活动。

由实践可知，在《爱护眼睛，保护视力》这一口语交际过程中，通过三次商讨从易到难，从个体到群体，开展了进阶式的商讨，合力形成了班级爱护眼睛的海报。教师努力让学生在商讨过程中做到"言有礼度"且"言有进退"，进而以言成识。总之，教师在商讨类"口语交际"教学中，应想方设法，创设真实的情境，运用交际策略，提高学生的口语交际能力。

（庄盈莉　李秀蕾）

实践案例二：《我们与环境》

一、教材分析

《我们与环境》是统编版四年级上册第一单元

的口语交际，以商讨为主要交际功能。学生通过商讨，感受环境与人类生活之间的相互影响，明晰保护环境的重要性，提出一些简单易行的做法。

第一单元的语文要素是"边读边想象画面，感受自然之美"。这个单元中，《观潮》《走月亮》《现代诗两首》《繁星》，每一篇课文都是一次自然美的赏析旅程。大自然给予人类美好的环境，人们感知美、享受美，因此，保护美、保护环境就成为人类永恒的话题。教材引导四年级学生细观生活，展开调查，真正感知、记录并思考身边的环境问题。

通过对学生调查结果的统计，锁定学生关注度最高的两个话题：校园里"垃圾污染"和"资源浪费"。对此，教师可以组织学生进行有效充分的商讨，最后形成简单易行的保护环境小建议。

商讨过程中，教师要引导学生小组内、班级内互相尊重、有商有量，通过小贴士的形式，分别从听和说两个角度学习本次口语交际的要求：说的时候，要"围绕话题发表看法，不跑题"；听的时候，要能"判断别人的发言是否与话题相关"。所以，听者与说者的角色是相互交杂的，说者做到"围绕话题清楚表达"，听者在判断说者的表达之后依旧要"围绕话题清楚表达"，这是本次口语交际的重点和难点。

二、教学目标

1.通过课前调查收集相关资料，初步了解身边存在的环境问题，感受环境问题给人们生活带来的危害。

2.能围绕垃圾污染和资源浪费环境问题发表看法，不跑题；并能判断别人的发言是否和话题相关（重难点）。

3.通过四人小组商讨，全班交流讨论，选出10项保护环境简单易行的做法。

三、教学准备

调查表、卡条、视频资料。

四、教学过程

（一）对比冲突，提出环境话题

1.在第一单元的学习过程中，我们去钱塘江观潮，去云南苍山洱海走月亮，陪着巴金爷爷赏繁星，领略秋晚江上的美景，感受花牛在草地上的怡然自得。这些美景带给你什么感受？

2.课文中，我们发现美、感受美。可是在这个美丽的地球上，却还有这样的画面（出示图片资料，正视环境问题）。

3.今天我们就来讨论讨论"我们与环境"这个话题（板贴课题）。

【设计意图：通过对课文内容的回忆和现实图景的观察，两者形成强烈的对比冲突，唤醒学生对环境问题的关注，并顺势提出"我们与环境"这个话题，从而使学生有感而发、有话可商，激发学生的商讨积极性。】

（二）围绕话题，反馈调查结果

1.我们身边有哪些环境问题？对我们身体健康有什么危害呢？课

前，我们通过小耳朵听、小眼睛看，用小手记录了我眼中的环境问题与危害。请你们来说说。

指名学生说。

教师随机评价：你说的就是"垃圾分类"这个环境问题，垃圾不分类对我们健康的危害。你紧紧围绕"垃圾分类"这个环境问题发言，做到了不跑题。

（板贴：围绕话题发表看法不跑题）

2.追问：什么是不跑题？——是的，就是紧紧围绕着话题展开。

3.指名学生继续反馈调查结果，其他同学判断他的发言是否跑题。

指名学生评价。

教师随即点评：你很认真地在听，并判断他们的发言是否与话题有关。

（板贴：判断别人的发言是否与话题有关）

4.指名学生总结讨论交流时的两个注意点：一是围绕话题发表看法不跑题；二是判断别人的发言是否与话题有关。

5.学生继续反馈调查结果，其他同学判断他的发言是否跑题。

教师随机在副板书，列出环境问题。

6.同学们通过自己观察，发现了身边存在很多环境问题。环境问题有多么严峻、刻不容缓呢？让我们来看一个视频（播放视频）。

【设计意图：借助课前调查表，对身边的环境问题进行搜寻、观察和记录，在课堂上展开交流。来源于学生调查的柱形统计图，产生了关注度最高的几个话题。同时，在交流讨论和互相点评中，学生初

步理解交际贴士的两个要求：说者紧紧围绕话题展开，做到不跑题；听者学习判断他人的话题发言是否与话题有关。】

（三）围绕话题，商讨环保做法

1.出示柱形图统计数据，展示学生身边关注度高的两个环境问题：校园里的垃圾污染和资源浪费。

2.第一次组内商讨：两个问题中选择一个作为商讨话题。

（1）明确要求。①每位组员围绕商讨话题说说自己的想法，说清楚选择的理由。②一人说完，第二位同学继续围绕话题发表看法。③仔细听，发现同伴跑题及时提醒。④确定本组选择的话题。

（2）组内商讨，确定话题。

（3）指名小组代表发言，交流商讨结果和过程，说清理由。

3.示范商讨，规范商讨过程。

为了保护环境，对于身边的垃圾污染和资源浪费的环境问题，我们可以做些什么？我们先来说说全班关注度最高的"垃圾污染"的环境问题，集思广益，讨论一下怎么做？

（1）指名四位同学，组成一支临时的商讨小组。

（2）临时小组开始商讨，其他同学仔细听。教师拍摄商讨过程。

（3）请其他同学点评临时小组的商讨过程。

预设一：商讨过程围绕话题开展，点评的同学肯定临时小组的商讨过程。

教师评价：你也听得很认真，判断他们的发言是否与话题有关。

预设二：商讨过程中围绕话题开展，但表达不够清楚，点评的同学做了补充。

教师评价：你很认真地在听他们的发言是否与话题有关，还能作出补充，说明你始终记着本次商讨的话题。

预设三：商讨过程中有明显跑题现象。

教师回放商讨过程，请临时商讨小组成员互相提醒、自我改正。

预设四：商讨过程围绕话题，但做法难度较大。

教师评价：的确，只有做法简单易行，保护环境才能立竿见影（随机出示教材中的素材）。

【设计意图：只有在交际过程中，才能提升口语交际能力。因此，在学生初步领会商讨的交际要求之后，教师组织临时商讨小组开展示范商讨，以这个小组为样本和范例，在商讨和点评过程中，学生进一步领会交际贴士的两个要求，习得商讨要领。】

4.第二次组内商讨：提出环保做法。

（1）学生每人写一条简单易行的建议。

（2）明确商讨要求：①边举着建议条给组员看边大胆发言，说明想法和理由。②认真倾听，发现组员跑题，等他讲完后提醒。发现组员与你有类似做法，可以简单补充。③选择组内成员都认同的简单易行的做法，准备班内汇报。

（3）小组内商讨，形成几种环保做法。

5.指名小组汇报，其他同学判断汇报是否围绕话题，做法是否简单易行。

6.相似做法合并微调，生成《保护环境小建议10条》。

7.通过小组商讨，人人发表看法，最终形成了大家都通过的10条保护环境小建议。我会将这一份保护环境小建议10条交给学校老师，他会张贴到宣传板，让我们一起身体力行，做一个小小环境保护者，从你我做起。

【设计意图：提出简单易行的环保做法是这节口语交际的物化成果，而这个成果也需要商讨来完成。因此，针对如何保护环境，教师再次组织小组展开商讨，在小组汇报、集体评议时，学生也是在经历一次扩大化的商讨过程。就这样，学生在一次次的商讨实践中，在听与说的交互中，围绕话题清楚表达，从而充分践行商讨的要领，突破本节课的教学重难点。】

【板书设计】

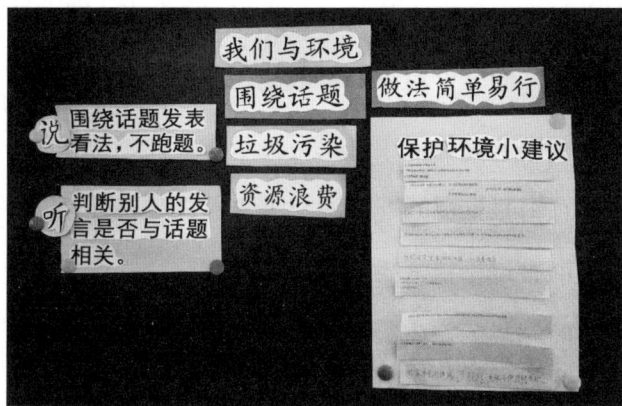

五、教学评析

本次口语交际是通过聚焦话题、立足商讨、有商有量活动过程的展开来思考人类活动与环境的密切关系。在一次次充分深入商讨中，寻找解决身边环境问题的方法，达成以言成"识"，以言成事，源之生活，导之生活。

（一）紧扣生活，生成话题，聚焦话题

口语交际是架构于"生活的观察"与"知识的探究思考"的一座桥梁。每一次交际的话题应该是应需而生成的，贴近生活，贴近学生实际，有思而引，有感而出，展开一次交际活动。本单元的前置学习文本是一次美好环境的大放送，在知美感美后，与身边的环境破坏现象进行一次极致对比，更感此次话题展开的必要性。话题应"需"应"思"而生成。

（二）立足商讨，集思广益，协商化一

商讨不是各说各话，是一次思维的碰撞，思考点的交汇。如何将众家思考点进行整合交互，使从参与商讨过程，将每个人的想法说清楚，又能"补异减同"，对不同有效的想法进行采纳整合，共同点在前一人思考的基础上进行简单补充。这是本节课的思考点。在有效商讨过程中，必然引起重视的即是说与听角色交互进行。

（三）有商有量，植入生活，导向实效

每一次交际结果的产生，源于生活，更要导用于生活。学习目标的指向满足交流沟通的需要。将交际涉及的交际意图、场合、对象、言语材料与知识经验等要素融入生活交际语境实践中，让学生的听说读写最终在真实的生活情境中用得上、用得好，回归口语交际的日常生活实用指向。

（董洁　李秀蕾）

第四节
学习任务群中的口语交际类别化教学

"义务教育语文课程内容主要以学习任务群组织与呈现。设计语文学习任务，要围绕特定学习主题，确定具有内在逻辑关联的语文实践活动。语文学习任务群由相互关联的系列学习任务组成，共同指向学生的核心素养发展，具有情境性、实践性、综合性。"[6]在三种类型的六个学习任务群中，口语交际是非常重要的语文实践活动形式之一。

教学研究一：任务群中的交往类口语交际

"以言促情"的交往类口语交际在不同的学习任务群里，依然要承担起情感的交互和促进的功能。

一、交往类口语交际融于任务群中的学习内容

交往类口语交际多以"交流""沟通"等为主要交际行为。根据2022版课标，交往类口语交际在"实用性阅读与交流"任务群（发展型学习任务群）和"跨学科学习"任务群（拓展型学习任务群）的活动安排相对较多，在"思辨性阅读与表达"任务群（发展型学习任务

群）中也有体现，如表2-11所示。

表2-11　交往类口语交际与任务群中的学习内容

学习任务群	学习内容	交际功能
"实用性阅读与交流"任务群	1.阅读有关个人生活、家庭生活的短文，认识图文中相关的汉字，感受美好亲情；学习运用文明礼貌用语，与家庭成员、亲朋好友交流沟通，学会感恩（第一学段）	学习礼貌交际，学习表达感恩
	2.阅读有关学校生活的短文，认识图文中相关的汉字；学习与同学、老师文明沟通；乐于分享学校生活中的见闻和感受，热爱学习，热爱学校（第一学段）	学习礼貌交际，学习表达热爱
	3.在革命遗址、博物馆、公园、剧场、车站、书店、超市、银行等社会场所中，学习认识有关标牌、图示、说明书等，了解公共生活规则，学会有礼貌的交流（第一学段）	学习礼貌交流，学习生活语言
"思辨性阅读与表达"任务群	大胆提出生活和学习遇到的问题，通过阅读、观察、请教、讨论等方式，积极思考、探究，乐于分享自己解决问题的办法，说出一两个理由（第一学段）	学习提出请教
"跨学科学习"任务群	围绕爱图书、爱文具、爱学习等主题，走进图书馆、阅览室、书店、文具店，在借用、购买、整理图书和文具的过程中，学习识字、说话、计算、设计、美化，学习与他人沟通、交流，养成爱书、爱文具的好习惯（第一学段）	学习礼貌交流，学习生活语言

交往类口语交际大多以学生熟知或是身边的人、事、物为交际话题，交际开展过程中有明显的时间感、空间感和对象感。从上表来看，"实用性阅读与交流"任务群（发展型学习任务群）和"跨学科学习"任务群（拓展型学习任务群）中，同样安排以学生的家庭生

活、学校生活和社会生活为主要学习场所和学习内容，交往类口语交际的生活化体现得非常明显。

二、交往类口语交际融于任务推进的教学建议

"实用性阅读与交流"任务群（发展型学习任务群）在"教学提示"中指出，"应紧扣'实用性'特点，结合日常生活的真实情境进行教学。第一、二学段可以围绕'我爱我家''我爱上学''文明的公共生活'等主题设计学习任务，引导学生学习日常生活语言，学会文明交往，学习表达生活……"[6]

示例一："实用性阅读与交流"任务群——"我爱上学"主题

"我爱上学"这一主题可以与一年级上册《我上学了》相结合，建议安排具体学习任务及相关交往类口语交际活动，如表2-12所示。

表2-12　"我爱上学"主题活动建议

学习子主题	学习任务	学习活动建议	交际要求
我是中国人	认一认不同的民族	1.圈画喜欢的民族小朋友图像 2.口语交际：请你告诉我。（交往类） ［学生点着自己喜欢的民族小朋友图像，问老师或者同学："老师（同学），请您（你）告诉我，这是哪个民族？"当老师或同学答复之后，学生再次回应："谢谢您（你），我知道了。"］ 3.补充视频资料，介绍中华民族大家庭 4.找民族小朋友的共同点：相近的肤色、相似的表情（快乐）、一样的动作（背书包）。 提示：不同民族的小朋友们好好学习天天向上，将来建设中华民族大家庭	学习礼貌请教，包括用手势、眼神、音量等肢体语言和"请问""请您""谢谢"等礼貌用语

学习子主题	学习任务	学习活动建议	交际要求
我是小学生	找一找新身份的象征	1.找一找"我是小学生"的身份象征 2.口语交际：老师，您好！同学，你好！（交往类） （模拟上学和放学的情境，请学生与老师、同学互相问好、道别。） 3.学唱歌谣：《上学歌》	学习礼貌问好，包括用手势、眼神、音量等肢体语言和"您（你）好""早上好""下午好""再见""明天见"等礼貌用语
我爱学语文	做一做语文那些事儿	1.比一比读书、写字等姿势，姿势正确的小朋友成为"小老师" 2.口语交际：请你教教我（交往类） ［姿势有缺陷的学生向"小老师"请教："请你教教我，我该怎么握笔（捧书、整理笔盒）啊？"当"小老师"指导并学会之后，学生再次回应："谢谢你教我握笔，我学会了。"］ 3.补充视频资料，介绍语文课那些事儿 4.课后作业：回家后教教家人如何读书、写字等	学习礼貌请教，包括用手势、眼神、音量等肢体语言和"请问""请你""谢谢"等礼貌用语

"跨学科学习"任务群（拓展型学习任务群）在"教学提示"中指出，"要引导学生在广阔的学习和生活情境中学语文、用语文，提高交流沟通、团队协作和实践创新能力。"[6]

示例二："跨学科学习"任务群——"我爱阅读"主题

"我爱阅读"这一主题可以作为《我上学了》的后续，与该册第一单元的"快乐读书吧"相结合，建议安排具体学习任务及相关交往类口语交际活动，如表2-13所示。

表2-13 "我爱阅读"主题活动建议

学习子主题	学习任务	学习活动建议	交际要求
读书真快乐	交流自己的读书故事	1.图片展示自己阅读过的书 2.口语交际：我的读书故事（宣传类） （学生面向全班同学讲述自己的读书故事，教师随机提示讲述时的音量和语态，并板书读书的场地、内容、伙伴等关键词。）	学习用合适的音量，清楚讲述
走进图书馆	去图书馆里看书	口语交际：（交往类） 场景一：借书 （模拟图书馆，向工作人员询问并完成借书。） 场景二：请安静阅读 （有小朋友在图书馆发出不当声响，请向他做出提醒。） 场景三：还书 （向工作人员完成还书、道别。）	学习礼貌沟通，包括用手势、眼神、音量等肢体语言和"您（你）好""请问""不好意思""谢谢"等礼貌用语

教学研究二：任务群中的宣传类口语交际

"以言指事"的宣传类口语交际在不同的学习任务群里，依然要承担起信息交流和传播功能。

一、宣传类口语交际融于任务群中的学习内容

宣传类口语交际，多以"讲述""分享""交流"为主要交际行

为。根据2022版课标，宣传类口语交际在三个类型六种学习任务群的学习任务中都有明显体现，如表2-14所示。

表2-14　宣传类口语交际与任务群中的学习内容

学习任务群	学习内容	交际功能
"语言文字积累与梳理"任务群	1.关注校园内外汉字和标点符号的正确使用情况，整理自己的发现并和同学交流，互相正字正音（第二学段）	分享学习收获
	2.诵读、积累成语典故、中华文化名言、短小的古诗词和新鲜词语、精彩句段等，丰富自己的语汇，分类整理、交流，初步认识中华优秀传统文化蕴含的思想；在语言积累和运用过程中，体会同义词、反义词等词语的作用，发现、感受语言的表现力和创造力（第二学段）	分享学习收获
	3.开展校园内外讲普通话、写规范字、正确使用标点符号的调查，整理、分享自己的发现（第三学段）	分享学习收获
"实用性阅读与交流"任务群	1.学习具体、清楚、生动地讲述有关老一辈无产阶级革命家和革命英雄、劳动模范、科学家的事迹，以及反映中华传统美德的故事（第二学段）	传播图文资料，颂扬思想精神
	2.观察、思考日常生活，阅读记人叙事的优秀文本，学习通过口头表达、书面叙写，与他人交流身边令人感动、难忘的人和事（第三学段）	传播图文资料，颂扬思想精神
	3.走进大自然，走进科学世界，走进社会，阅读参观访问记、考察报告、科技说明文、科学家小传等文本；学习记笔记、列大纲、写脚本、画思维导图等整理和呈现信息的方法；学习通过口头表述和多种形式的书面表达，分享观察自然、探索科学世界的所见所闻、所思所感（第三学段）	分享学习收获

学习任务群	学习内容	交际功能
"实用性阅读与交流"任务群	4.学习革命英雄和劳动模范的事迹，尝试用多种媒介方式记录、展示、讲述他们的故事，表达自己的崇敬之情（第三学段）	传播图文资料，颂扬思想精神
"文学阅读与创意表达"任务群	1.阅读并讲述革命领袖、革命英雄、爱国志士的童年故事，表达敬仰之情和向他们学习的愿望（第一学段）	传播图文资料，颂扬思想精神
	2.阅读并讲述革命故事、爱国故事、历史人物故事，感受幸福生活来之不易，表达自己对美好生活的向往，以及对革命英雄、仁人志士的崇敬之情（第二学段）	传播图文资料，颂扬思想精神
	3.阅读、欣赏革命领袖、革命先烈创作的文学作品，以及表现他们事迹的诗歌、小说、影视作品等，感受革命领袖、革命先烈伟大的精神世界和人格力量，认识生命的价值；运用讲述、评析等方式，交流自己的情感体验（第三学段）	传播图文资料，颂扬思想精神
	4.阅读表现人与自然的诗歌、散文等优秀文学作品，感受大自然的奇妙，体会人与自然和谐相处的意义；运用讲述、评析等方式，交流自己的情感体验（第三学段）	分享学习收获
	5.阅读表现人与社会的优秀文学作品，走进广阔的文学艺术世界，学习品味作品语言、欣赏艺术形象，复述印象深刻的故事情节，积累多样的情感体验，学习联想与想象，尝试富有创意的表达（第三学段）	传播图文资料，颂扬思想精神
	6.阅读反映少年成长的故事、小说、传记等，交流自己获得的启示；学习运用细节描写等文学表现手法，描述自己成长中的故事（第三学段）	传播图文资料，颂扬思想精神

学习任务群	学习内容	交际功能
"思辨性阅读与表达"任务群	1.阅读有趣的短文，发现、思考身边的鸟兽虫鱼、花草树木、家用电器等日常事物的奇妙之处，说出自己的想法（第一学段）	分享学习收获
	2.大胆提出生活和学习遇到的问题，通过阅读、观察、请教、讨论等方式，积极思考、探究，乐于分享自己解决问题的办法，说出一两个理由（第一学段）	分享学习收获
	3.阅读有关科学的短文，尝试发现日月星辰、风雨雷电、山川草木等大自然的奥秘，依据事实和细节，运用口头和图文结合的方式，表达自己的观点和思考（第二学段）	传播图文资料，颂扬思想精神
	4.阅读关于中华传统美德、社会公德等方面的短评、简评，结合校园或社会生活中的实际事例，学习有理有据地口头或书面表达自己的观点（第三学段）	传播图文资料，颂扬思想精神
"整本书阅读表达"任务群	1.阅读自己喜欢的童话书，想象故事中的画面，学习讲述书中的故事（第一学段）	传播图文资料
	2.阅读表现英雄模范事迹的图书，如《小英雄雨来》《雷锋故事》等，讲述英雄模范的动人故事（第二学段）	传播图文资料
	3.阅读儿童文学名著，如《稻草人》《爱的教育》等，感受作品传达的真善美，用自己喜欢的方式讲述故事大意（第二学段）	传播图文资料
	4.阅读中国古今寓言、中国神话传说等，学习其中蕴含的中华智慧，口头或书面分享自己获得的启示（第二学段）	传播图文资料，颂扬思想精神
	5.阅读反映革命传统的作品，如《可爱的中国》《小兵张嘎》《闪闪的红星》等，讲述自己感受到的家国情怀和爱国精神（第三学段）	传播图文资料，颂扬思想精神

学习任务群	学习内容	交际功能
"整本书阅读表达"任务群	6.阅读文学、科普、科幻等方面的优秀作品，如《寄小读者》《十万个为什么》《海底两万里》等，学习梳理作品的基本内容，针对作品中感兴趣的话题展开交流（第三学段）	分享学习收获
	7.梳理、反思小学阶段的阅读生活，运用口头或书面方式，与同学分享自己整本书阅读的经历、体会和阅读方法（第三学段）	分享学习收获
"跨学科学习"任务群	选取衣食住行、学校、地球、太空等某个方面，设计人工智能时代的未来生活，运用多样形式丰富自己的语言表达，呈现与分享奇思妙想（第一学段）	分享学习收获

二、宣传类口语交际融于任务推进的教学建议

"语言文字积累与梳理"任务群（基础型学习任务群）在"教学提示"中指出，"在教学中应根据语言文字运用的实际需要，从遇到的具体语言实例出发进行指导。"[6]

示例一："语言文字积累与梳理"任务群——"遨游汉字王国"主题

"遨游汉字王国"这一主题可以与五年级下册第三单元的综合性学习相结合，建议安排具体学习任务及相关宣传类口语交际活动，如表2-15所示。

表2-15　"遨游汉字王国"主题活动建议

学习子主题	学习任务	学习活动建议	交际要求
汉字真有趣	制订活动计划	1.从"年度汉字"引出活动主题："汉字真有趣" 2.口语交际：我们的活动计划（商讨类） （小组成员结合"阅读材料"，讨论小组的活动计划，选择一个方面了解汉字特点。） 3.结合教材"搜集资料"图示，补充搜集、整理资料的方法	轮流发表意见，制订活动计划，达成商讨共识
	交流汉字特点	1.口语交际：趣味汉字交流会（宣传类） （小组内同学交流自己搜集整理的资料，小组合作展示资料，交流汉字的特点。） 2.随机补充视频资料，宣扬汉字魅力	列提纲，按照一定顺序介绍；结合图片资料进行介绍
我爱你，汉字	制订活动计划	1.从不同呈现方式的汉字引出活动主题："我爱你，汉字" 2.口语交际：我们的活动计划（商讨类） （小组成员结合"阅读材料"，讨论小组的活动计划，选择一个方面，调查了解汉字的演变及规范使用情况。）	轮流发表意见，制订活动计划，达成商讨共识
	宣扬规范汉字	1.口语交际：汉字的过去与未来（宣传类） （小组内同学交流自己搜集整理的资料，小组合作展示汇报，交流汉字的演变及规范使用情况。） 2.随机补充视频资料，宣扬汉字的魅力及规范使用的重要性	列提纲，按照一定顺序介绍；结合图片资料进行介绍
	拟写汉字研究报告	1.阅读《关于"李"姓的历史和现状的研究报告》，发现研究报告的基本格式 2.整理搜集的资料，分成几部分内容 3.尝试拟写研究报告	

"实用性阅读与交流"任务群（发展型学习任务群）在"教学提示"中指出，"开展阅读与探究活动，引导学生关注社会，表达和交流自己在生活中的发现和感受……应加强对跨媒介阅读与交流的指导，充分利用数字资源和信息化平台，引导学生提高语言理解和运用能力，逐步增强语言表达的准确性、规范性。"[6]

示例二："实用性阅读与交流"任务群——"中华文化之美"主题

"中华文化之美"这一主题可以与三年级下册第三单元的教学相结合，建议安排具体学习任务及相关宣传类口语交际活动，如表2-16所示。

表2-16 "中华文化之美"主题活动建议

学习子主题	学习任务	学习活动建议	交际要求
丰富的节日文化	学习《古诗三首》	1.初读《古诗三首》，借助注释初步理解古诗意思 2.交流：这三首古诗分别写的是哪个传统节日，写出了什么样的节日情景 3.口语交际：我的节日体验（宣传类） （学生讲述自己的节日体验，教师随机结合诗句，并板书：节日的时间、习俗、意义、演变等关键词。） 4.视频资料：节日里的中华文化	选择别人可能感兴趣的内容讲
	制定活动安排	口语交际：制定活动安排（商讨类） 组内商量：了解哪些传统节日？用什么方式记录？形成小组活动安排（导图）	先表明观点，后说清理由；尊重不同的想法

学习子主题	学习任务	学习活动建议	交际要求
丰富的节日文化	制订展示方案	口语交际：制订展示方案（商讨类） 组内商量：如何展示活动成果？已有什么资料，还需要补充哪些资料？形成小组展示方案（导图）	先表明观点，后说清理由；尊重不同的想法
	学习成果展示	各组以不同形式展示活动成果，教师随机补充资料，引导对展示方式和结果进行评价	运用合适的方法，使讲述和分享更吸引人
重要的科技成就	学习《纸的发明》	1.默读课文，完成造纸历程图 2.视频资料：一张纸的故事（无配音） 3.口语交际：一张纸的故事（宣传类） （学生结合视频资料和课文第四自然段，同桌合作，模拟向"家人"介绍蔡伦造纸的过程。） 4.交流：蔡伦改进的造纸术的好处	借助图文资料，把了解到的信息讲清楚
	搜集资料，展示科技成就	1.课前搜集"我国古代的重要科技成就"相关资料 2.口语交际：我为×××代言（宣传类） （学生结合资料，模拟古人的身份，向大家介绍"自己"的科技成就。）	借助图文资料，把了解到的信息讲清楚
伟大的建筑工艺	学习《赵州桥》	1.朗读课文，识记并书写生字词 2.分组按要求学习： 学习第一自然段，形成赵州桥名片； 学习第二自然段，形成赵州桥的设计导图； 学习第三自然段，尝试给文字配插图 3.口语交际：我为赵州桥代言（宣传类） （学生以导游身份，选择概况、设计、美观其中一个内容，向"游客"介绍赵州桥。）	借助图文资料、提纲，把了解到的信息讲清楚

学习子主题	学习任务	学习活动建议	交际要求
绝妙的艺术文化	学习《一幅名扬中外的画》	1.默读课文，了解画作信息 2.完成画作名片，并做简单介绍 3.口语交际1：评画作（商讨类） （组内交流，选择一个自然段，用一个字评价这幅画。） 4.补充资料，了解"清明上河"的由来 5.口语交际2：我为画作代言（宣传类） （学生以博物馆讲解员身份，选择概况、人物、街市、桥北头其中一个内容，向"游客"介绍赵州桥。）	（商讨类）先表明观点，后说清理由；（宣传类）借助图文资料，把了解到的信息讲清楚
宝贵的历史文化遗产	搜集资料，展示宝贵的历史文化遗产	1.课前搜集"我国宝贵的历史文化遗产"相关资料 2.口语交际：我为中华文化代言（宣传类） （学生结合资料，模拟讲解员的身份，向大家介绍一项我国宝贵的历史文化遗产。）	借助图文资料，把了解到的信息讲清楚

"文学阅读与创意表达"任务群（发展型学习任务群）在"教学提示"中指出，"在主题情境中，开展文学阅读和创意表达活动，引导学生感受文学之美，表达自己的独特感受，促进学生的精神成长。……鼓励学生在口头交流和书面创作中，运用多样的形式呈现作品，发挥自己的创造性；引导学生成长为主动的阅读者、积极的分享者和有创意的表达者。"[6]

示例三："文学阅读与创意表达"任务群——"童年趣事"主题

"童年趣事"这一主题可以与三年级下册第六单元的教学相结合，建议安排具体学习任务及相关宣传类口语交际活动，如表2-17所示。

表2-17 "童年趣事"主题活动建议

学习子主题	学习任务	学习活动建议	交际要求
快乐的童年	学习《童年的水墨画》	1.朗读三首小诗，识记并书写生字词 2.交流：你在溪边、江上、林中分别看到了怎样的画面 随机理解："人影给溪水染绿了。""只见松林里一个个斗笠像蘑菇一样。" 3.创意表达：选择一首小诗，改写成一篇短文 课后作业：找一找自己童年的快乐印记（照片），试着用一段话或者一首小诗做记录	
尴尬的趣事	学习《剃头大师》	1.自由读课文，识记并书写生字词 2.默读课文，完成"我"给小沙剃头的过程图 3.交流：哪里最有趣 随机理解："剃头大师""害人精""优秀的顾客"的意思 4.口语交际：（交往类） （课后作业：采访家人，我的尴尬往事。）	列问题清单，把了解到的信息记录整理好

学习子主题	学习任务	学习活动建议	交际要求
美丽的想象	学习《肥皂泡》	1.朗读课文，识记并书写生字词 2.默读课文，画找关键句，读懂每段话的意思 3.学习第三自然段，用不同符号圈画吹泡泡的工具、动作和注意事项 交流：形成导图 4.口语交际：怎样吹泡泡（宣传类） （同桌合作，一人无实物表演，一人介绍吹泡泡的过程，介绍给"弟弟妹妹"。） 5.学习第四、五自然段，交流"让你觉得不可思议"的词句 6.创意表达：这些轻盈绚丽的小球，还有哪些美丽的去处呢？ 课后作业：找一找自己童年的玩具（实物或者照片），试着用一段话或导图记录玩法	借助图文资料、提纲，把了解到的信息讲清楚
真挚的童心	学习《我不能失信》	1.默读课文，了解事件过程 2.口语交际1：庆龄的选择（商讨类） （小组内商讨：如果你是庆龄，会做怎样的选择？有没有更好的做法？） 3.口语交际2：我的选择（宣传类） （讲述一件自己经历过的守信或是失信的事情，说一说感受。）	（商讨类）先表明观点，后说清理由； （宣传类）把了解到的信息讲清楚
我们的童年	"童年记忆"发布会	口语交际："童年记忆"发布会（宣传类） （结合图片或实物，讲述自己或快乐或尴尬或悲伤的往事，介绍自己最喜欢的玩具。）	借助图文资料，把了解到的信息讲清楚

"整本书阅读表达"任务群（拓展型学习任务群）在"教学提示"中指出，"应创设自由阅读、快乐分享的氛围，善于发现学生阅

读整本书的成功经验，及时组织交流与分享；善于发现、保护和支持学生阅读中的独到见解。……设计、组织多样的语文实践活动，如，师生共读、同伴共读，朗诵会、故事会、戏剧节，建立读书共同体，交流读书心得，分享阅读经验。"[6]

示例四："整本书阅读表达"任务群——"深深浅浅读西游"主题

"深深浅浅读西游"这一主题可以与五年级下册第二单元的"快乐读书吧"相结合，建议安排具体学习任务及相关宣传类口语交际活动，如表2-18所示。

表2-18 "深深浅浅读西游"主题活动建议

学习子主题	学习任务	学习活动建议	交际要求
如何西游	交流自己印象最深的西游故事	1.展示自己绘制的人物卡或是情节图 2.口语交际：西游故事会（宣传类） （学生结合自己阅读的收获，一边展示情节图或者人物卡，一边讲述印象最深的西游故事。） 3.拍摄讲故事视频，并完成发布	借助图文资料讲述；讲述时，可以适当丰富故事的情节，配上相应的动作和表情
西游之最	分享自己发现的"西游之最"	口语交际：西游之最（宣传类） （学生展示自己选取的角度，形成内容组别，小组内交流分享自己发现的"西游之最"。）	借助图文资料讲述
再问西游	交流自己觉得困惑的地方	口语交际：再问西游（交往类） （学生提出自己觉得困惑的地方，向大家请教。）	列问题清单，边了解边记录

教学研究三：任务群中的商讨类口语交际

"以言成识"的商讨类口语交际在不同的学习任务群里，依然要承担起达成共识、解决矛盾的功能。

一、商讨类口语交际融于任务群中的学习内容

商讨类口语交际多以"讨论""研讨"为主要交际行为。根据2022版课标，商讨类口语交际在"思辨性阅读与表达"任务群（发展型学习任务群）和"跨学科学习"任务群（拓展型学习任务群）的活动安排相对明显，如表2–19所示。

表2–19　商讨类口语交际与任务群中的学习内容

学习任务群	学习内容	交际功能
"思辨性阅读与表达"任务群	大胆提出生活和学习遇到的问题，通过阅读、观察、请教、讨论等方式，积极思考、探究，乐于分享自己解决问题的办法，说出一两个理由（第一学段）	学习参与讨论
"跨学科学习"任务群	综合运用语文、道德与法治、科学、劳动等多方面的知识和技能，通过小组研讨、集体策划、设计参观考察活动方案，运用跨媒介形式分享研学成果（第三学段）	学习小组研讨，策划活动方案

商讨类口语交际三种类型六个学习任务群前三个学段的学习内容中，虽然体现得并不多，但在第四学段的学习内容中，却频频出

现。比如，"实用性阅读与表达"任务群在第四学段的学习内容中，提到"就感兴趣的话题与同学进行线上线下讨论"；"思辨性阅读与创意表达"任务群在第四学段的学习内容中，提到"围绕问题提出、探究过程、解决方法等进行专题式的研讨、演讲和写作"；"整本书阅读表达"任务群在第四学段的学习内容中，提到"针对作品的语言、形象、主题等方面的话题展开研讨"；"跨学科学习"任务群在第四学段的学习内容中，提到"选择感兴趣的社会热点问题，查找和阅读相关资料，记录重要内容，列出发言提纲，参与班级讨论"……这也说明，商讨类口语交际将随着学生学习能力、表达能力的增强，在学习任务群的推进过程中发挥越来越重要的作用。

二、商讨类口语交际融于任务推进的教学建议

"思辨性阅读与创意表达"任务群（发展型学习任务群）在"教学提示"中指出，"应根据学生思维发展的特点，在不同学段创设适宜的学习主体和学习情境。……引导学生基于阅读和生活实际，开展研讨等活动，表达要观点鲜明、证据充分、合乎逻辑。"[6]

示例一："思辨性阅读与创意表达"任务群——"奇妙的祖国语言"主题

"奇妙的祖国语言"这一主题可以与五年级下册第八单元的教学相结合，建议安排具体学习任务及相关商讨类口语交际活动，如表2-20所示。

表2-20 "奇妙的祖国语言"主题活动建议

学习子主题	学习任务	学习活动建议	交际要求
智慧的应答	学习《杨氏之子》，感受"一语双关"之妙	1.理解"杨氏之子"，模仿着互相称呼 2.自主学习《杨氏之子》，交流对文言文的理解。随机引导关键句——孔指以示儿曰："此是君家果。" 3.口语交际：（商讨类） 话题1：如果是你，听到孔君平的话，你会怎么回答？ （学生组内商讨，轮流发表意见，整合意见后向班级汇报。） 话题2：如果你在家，另一位长辈前来拜访，你会如何应答？ （学生组内商讨、排演，并向班级展示） 4.推荐《世说新语·言语》	轮流主持，引导每个人发表意见
幽默的介绍	学习《手指》，感受语言的幽默风趣	1.默读课文，发现手指的作用 2.口语交际：（商讨类） 话题1：哪根手指最棒？ （学生组内商讨，轮流发表意见，整合意见后向班级汇报。） 话题2：你觉得丰子恺喜欢哪根手指？ （学生组内商讨，聚焦课文语言轮流发表意见，整合意见后向班级汇报。） 3.小练笔：模仿课文语言和表达特点，写一写人的五官之一	轮流主持，引导每个人发表意见
可爱的自嘲	学习《童年的发现》，感受语言的有趣可爱	1.默读课文，梳理"我"的探究过程，完成情节导图 2.再读课文，交流觉得有趣的部分	人人发表意见，尊重不同想法

学习子主题	学习任务	学习活动建议	交际要求
		3. 口语交际：自我安慰（商讨类） （聚焦最后一段话，组内思辨：如此自嘲好不好？有没有类似的"困窘"和"羞愧"的时候？可以如何自嘲？） 4. 补充视频资料，介绍语文课那些事儿 5. 课后作业：回家后教教家人如何读书、写字等	
好玩的笑话	口语交际《我们都来讲笑话》，学习讲笑话	口语交际：我们都来讲笑话（宣传类） 1. 视频资料：《逗你玩儿》 2. 暑假要组织去老人活动中心，每个小朋友要学着给老年人讲笑话 3. 指名讲笑话，评析 4. 组内轮流讲笑话，评选"小笑星" 5. "小笑星"去他组讲笑话，轮流评价	讲述时，可以适当丰富故事的情节，配上相应的动作和表情
奇妙的语言	思辨语言智慧，感受祖国语言的奇妙	口语交际：奇妙的祖国语言（商讨类） 1. 播放视频资料：周恩来的语言故事 商讨思辨：如何智慧应答？ 2. 交流自己的尴尬瞬间 商讨思辨：如果用语言化解尴尬？ 3. 推荐《史记·滑稽列传》	人人发表意见，尊重不同想法

　　"跨学科学习"任务群（拓展型学习任务群）在"教学提示"中指出，"要引导学生在广阔的学习和生活情境中学语文、用语文，提高交流沟通、团队协作和实践创新能力。"[6]

示例二："跨学科学习"任务群——"山海觅小友"主题

"山海觅小友"这一主题与学校的德育工作、少先队工作相结合。以浙江省"山海协作"工作为背景，以宁波市居敬小学（五年级学生）及"山海协作"结对校为例，建议安排具体学习任务及相关商讨类口语交际活动，如表2-21所示。

表2-21　"山海觅小友"主题活动建议

学习子主题	学习任务	学习活动建议	交际要求
山那边，海这边	制订云端交友方案	1.资料推送：关于山海协作 2.口语交际：制订云端交友方案，（商讨类） 　（小组商讨，提出活动建议；班级交流、集体商讨，确定活动建议和活动方案，包括学校宣传、自我宣传、互动往来。）	轮流发表意见，制订活动计划，达成商讨共识
	收集资料，制订宣传方案	1.分组收集整理资料，了解结对学校，提出居敬小学的特点、亮点 2.口语交际：确定宣传点（商讨类） 组内交流资料，分组汇报：结对学校的情况，居敬小学的宣传点 组内商讨：策划居敬小学宣传方案	轮流发表意见，制订活动计划，达成商讨共识
	自制宣传短片	课外、组内分工合作，各组以不同形式制作居敬小学宣传短片	
你好，新朋友	宣传短片展播	1.评比最吸引人的居敬小学宣传片 2.两校宣传片展播	
	纸短情长初相识	每个学生写一封书信，或是录制一段短视频，向对方同学做自我介绍，发起邀请	列提纲，按照一定顺序讲述

学习子主题	学习任务	学习活动建议	交际要求
你好，新朋友	为家乡代言	每个学生录制一段短视频，代言家乡的一处景点或是一种物产	列提纲，按照一定顺序讲述
	我是小小讲解员	结对校校友到来，学生带友伴熟悉校园，并做好讲解	根据听众的反应，对讲解的内容做调整

第三章

基于"功能类别"的
口语交际怎么评价？

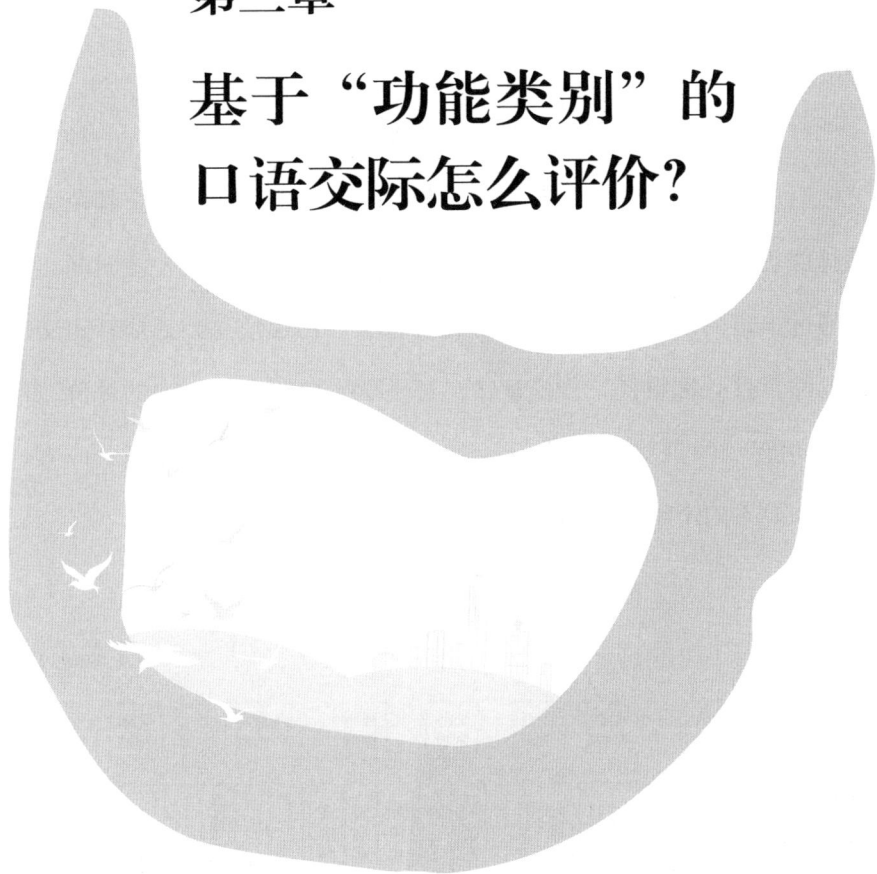

第一节
评价维度的选择与确定

社会语言学家海姆斯（Hymes）将"交际能力"定义为一种知道"何时何地以何种方式对何人谈何种内容"的能力[9]。华中师范大学姚林群教授将"小学生口语交际能力"界定为"个人在一定时间、地点通过丰富的口头语言及非语言交流思想、传递信息，达成特定交往目的的个性心理特征"[10]。显然，对小学生口语交际能力的评价，可以"功能"（即达成某个特定交往目的）为依归，指向情境、内容、过程和效果四个维度，如图3-1所示。

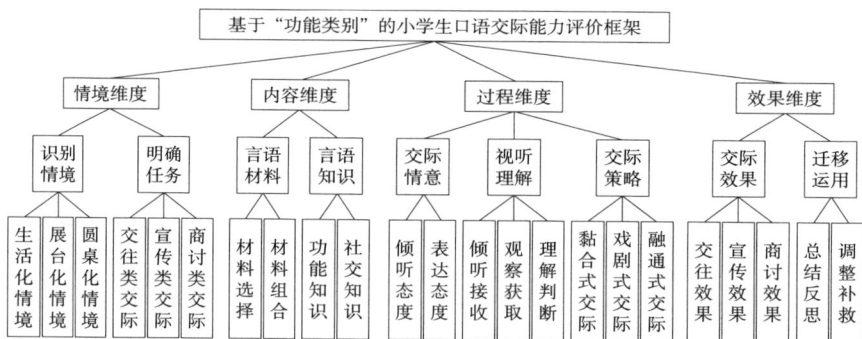

图3-1　基于"功能类别"的小学生口语交际能力评价框架

情境维度强调学生在不同时间、地点，不同情形之下恰当理解与运用语言，展开交际，达到某个交际目的。统编版小学语文教材中，口语交际的编写思路是"构建口语交际目标体系—围绕目标体系选择符合目标的交际话题—在交际话题之下创设真实的交际情境—根据话题和情境选择恰当的呈现方式"[11]。同样，学生在展开情境下的口语交际时，也需要"识别情境""明确任务"。

内容维度是学生进行口语交际所需要的言语要素总和，主要包括两个方面：一是"言语材料"，是指学生在进行口语交际之时所使用的语言和非言语素材；二是"言语知识"，是指学生进行口语交际时所具备的社会文化、生活礼仪、语言程序等。

过程维度是指学生在口语交际过程中获取信息、表达观点和情感的言语行为、心理行为的总和，主要包括三个方面：一是"交际情意"，是指交际过程中的态度、专注度等；二是"视听理解"，是指通过视听获取言语信息和非言语信息，并进行加工和思考；三是"交际策略"，是指交际过程中依据不同的交际目的所开展的不同交际策略。

效果维度是指学生开展口语交际之后，所取得的交际效果，包括针对该次口语交际的"交际效果"和学生通过该次口语交际所获得的口语交际能力提升效果，即"迁移运用"。

根据2022版课标中关于小学口语交际的教学要求，结合小学生言语能力和发展规律，笔者梳理统编教材中的47次口语交际内容，将《基于"功能类别"的小学生口语交际能力评价框架》细化为《基于"功能类别"的小学生口语交际能力评价指标体系》，如表3-1所示。

表3-1 基于"功能类别"的小学生口语交际能力评价指标体系

一级维度	二级维度	三级维度	指标描述		
			第一学段	第二学段	第三学段
情境维度	识别情境	生活化情境	能依照教师引导进入情境，结合生活经验展开交际	能依据提示进入情境，展开交往类口语交际	能快速进入情境，展开交往类口语交际
		展台化情境	能依照教师引导进入情境，感受展台交际氛围	能依据提示进入情境，展开宣传类口语交际	能快速进入情境，展开宣传类口语交际
		圆桌化情境	能依照教师引导进入情境，感受商讨氛围	能依据提示进入情境，展开商讨类口语交际	能快速进入情境，展开商讨类口语交际
	明确任务	交往类交际	能够依照教师引导明确交往任务	能够根据提示明确交往任务	能够快速明确交往任务
		宣传类交际	能够依照教师引导明确宣传任务	能够根据提示明确宣传任务	能够快速明确宣传任务
		商讨类交际	能够依照教师引导明确商讨任务	能够根据提示明确商讨任务	能够快速明确商讨任务
内容维度	言语材料	材料选择	能结合现实生活，选择熟悉的材料	能根据交际任务，选择对方感兴趣的材料	能根据交际任务，选择适当的材料
		材料组合	能按照一定的言语顺序组织表达	能按照一定的言语顺序组织材料清晰、连贯地表达	能选择恰当的材料支持自己的观点

一级维度	二级维度	三级维度	指标描述		
			第一学段	第二学段	第三学段
内容维度	言语知识	功能知识	使用普通话，用适切的音量展开交际	能用讲述、讨论、复述、请求、交谈等一般方法展开交际	能根据交际任务，选用商讨、演讲、交谈等一般方法开交际
		社交知识	了解交际的基本原则和语言的基本功能	掌握基本的交际礼仪和语言规范	能够求同存异，互相尊重，注意交际的场合
	交际情意	倾听态度	能安静、认真地听交际对方讲话	能认真倾听对方，尊重他人	用心倾听，充分尊重和理解交际对方
		表达态度	有表达的勇气，态度自然、大方有礼貌	能主动交流，有表达的信心，态度自然、大方，有礼貌	乐于与人交流，对所表达的内容负责
过程维度	视听理解	倾听接收	能听懂篇幅较短的讲话	能认真倾听，听懂交际过程中一般长度的言语内容	能集中注意力倾听，听懂交际过程中丰富的言语内容
		观察获取	学习观察图文资料和交际对方的动作、神态	能认真观察，发现交际对方的表情变化	能集中注意力观察，发现交际对方的态度变化
		理解判断	了解主要信息，能基本理解表层含义	能理解主要信息，判断别人的发言是否与话题有关	准确把握交际对方的观点，不歪曲、不断掌取义
	交际策略	黏合式交际	学习用适切的语气；能先自我介绍再与人交往	能真诚赞美、肯定他人的表现；不清楚的地方及时追问；选择用语调、手势表达情感	交流时可以随时记录重要信息，以便进一步交往

一级维度	二级维度	三级维度	指标描述		
			第一学段	第二学段	第三学段
过程维度	交际策略	戏剧式交际	学习适当的音量；能按顺序说，一边说一边做动作，使表达更清楚	能借助手势、动作，清楚传达信息；可以借助卡片或资料准确传达信息	能根据需要，适当丰富细节；能根据整理有条理地讲述；能利用停顿、重复等强调要点，增强表现力
		融通式交际	能用简量的语气；把想法说清楚；按顺序发表看法	能主动参与商讨；先说观点后说理由；想法接近时，先认同再补充；能分类整理，有条理地汇报	发言能控制时间；讨论时能做主持人，引导每个人发表意见，讨论后做小结
效果维度	交际效果	交往效果	交际对方有交往的意愿	获得较多喜爱	获得较多喜爱，促进交际双方情意提升
		宣传效果	交际对方对宣传的信息较为关注	获得较多认同	获得较多认同，赢得更多关注
		商讨效果	有商讨过程，基本形成共识	商讨过程打开，基本形成共识	商讨过程充分，形成共识
	迁移运用	总结反思	能意识到交际对方的优点和自己的不足	能主动学习他人的优点，反思自己的不足	能比较交际对方和自己的优点与不足，扬长避短
		调整补救	能意识到交际过程中的明显错误，并积极纠正	当交际对方表现出疑惑时，能自行纠错补充	有意识地规避错误，出现错误后能自行纠正

第二节
评价方案的设计与实施

　　语文课程评价包括过程性评价和终结性评价。其中，过程性评价贯穿语文学习全过程，包括课堂教学评价、作业评价和阶段性评价。[6]对小学生口语交际能力的过程性评价也可以用这三种方式。著名特级教师何捷就在《课堂教学过关清单》丛书中，给统编教材口语交际教学的课堂教学评价设计了过关清单，一课一单，有较强的参考性和实用性。口语交际的（学期）阶段性评价虽然也是教学评价的必要环节，但实际操作却基本处于空白状态，大多数语文教师并未将这一环节纳入日常的教学计划。

　　对小学生口语交际能力的（学期）阶段性评价，应按照不同学段的要求和教材中的具体教学内容，参照《基于"功能类别"的小学生口语交际能力评价指标体系》，在一定的情境中综合考查学生的参与意识、情意态度和交际能力。考查口语交际能力的基本项目包括讲述、应对、复述、转述、主题演讲、问题讨论等。

　　示例：四年级第二学期口语交际评价方案

　　1.评价对象：四年级第二学期学生

　　2.评价时间：期末前一周

3.评价地点：任意观察教室

4.评价目标

统编教材四年级下册共有4次口语交际内容，包括一次交往类口语交际《转述》，两次宣传类口语交际《说新闻》《自我介绍》，一次商讨类口语交际《朋友相处的秘诀》。依据教材，确定四年级第二学期口语交际评价目标如下：

①能准确传达信息，清楚、连贯地讲述信息；

②能根据交际对象，做清楚、适宜的自我介绍；

③能够围绕话题展开讨论，不跑题，不重复别人说过的话，想法接近的，先认同再补充；

④能根据目的，记录重要信息，并有条理地汇报。

5.评价方式

①展开交际

组成团队：四年级组内各班学生按学号组成一个临时团队。例如，都是1号的各班学生组成一个临时团队；都是2号的各班学生组成一个临时团队……临时团队以8人以内为宜，如同1学号的人数过多，建议分成两组。

明确任务：出示活动流程及要求，学生阅读后明确任务并开展口语交际活动。

活动流程及要求：

欢迎几位同学。接下来，你们要组成一个新的临时团队哦！请按照要求开展活动吧！

活动1：请互相打招呼介绍一下自己，交个朋友吧。

活动2：请向大家介绍一件发生在校园里的本周事件，请说清楚时间、地点和事件及产生的影响。

活动3：请大家讨论一下，评选出三件校园本周要事，并记录在黑板上。

②观察评价

教师观察学生的口语交际过程，并对学生通过口语交际进行交往、宣传、商讨三个方面六个维度的口语交际能力和交际态度、习惯等进行等级评定。

③评价指标

分为"符合与不符合"两个等级，依据学生表现勾选，如表3-2所示。

总评标准：23个子项目中，21个及以上"符合"为A，18~20个"符合"为B，15~17个"符合"为C，12~14个"符合"为D，11个及以下"符合"为E。

表3-2　四年级第二学期口语交际评价方案

班级			姓名			
一级维度	二级维度	三级维度	评价内容	评价结果		总评结果
情境维度	识别情境	生活化情境	能依据提示进入情境，主动打招呼，与人真诚交谈	符合（　）　不符合（　）		
		展台化情境	能依据提示进入情境，介绍时能主动亮明身份，有主角意识	符合（　）　不符合（　）		
		圆桌化情境	能依据提示进入情境，与人友好讨论	符合（　）　不符合（　）		
	明确任务	交往类交际	能根据提示明确要交朋友这一任务	符合（　）　不符合（　）		
		宣传类交际	能根据提示明确要介绍自己和校园时事两个任务	符合（　）　不符合（　）		
		商讨类交际	能根据提示明确商讨出三件校园时事的任务	符合（　）　不符合（　）		
内容维度	言语材料	材料选择	选择适当的对方感兴趣的材料介绍自己、介绍校园时事	符合（　）　不符合（　）		
		材料组合	能清晰、连贯讲述信息	符合（　）　不符合（　）		
	言语知识	功能知识	能围绕中心观点，组织表达的内容，结构和形式	符合（　）　不符合（　）		
		社交知识	自我介绍时能够主动问好，主动发出交友邀请	符合（　）　不符合（　）		

班级		姓名		评价		
一级维度	二级维度	三级维度	评价内容		评价结果	总评结果
过程维度	交际情意	倾听态度	认真倾听，不随意打断别人		符合（　）不符合（　）	
		表达态度	能主动交流		符合（　）不符合（　）	
	视听理解	倾听接收	能认真倾听，听懂交际过程中一般长度的言语内容		符合（　）不符合（　）	
		观察获取	能认真观察，发现交际对方的表情变化		符合（　）不符合（　）	
		理解判断	能理解主要信息，判断别人的发言是否与话题有关		符合（　）不符合（　）	
	交际策略	黏合式交际	能真诚赞美、肯定他人的表现		符合（　）不符合（　）	
		戏剧式交际	能借助手势、动作，清楚传达信息		符合（　）不符合（　）	
		融通式交际	能主动参与商讨，先说观点后说理由；想法接近时，先认同再补充		符合（　）不符合（　）	

班级		姓名	评价			
一级维度	二级维度	三级维度	评价内容	评价结果		总评结果
效果维度	交际效果	交往效果	获得较多喜爱	符合（　）	不符合（　）	
		宣传效果	获得较多认同	符合（　）	不符合（　）	
		商讨效果	顺利推进商讨，并列出校园三大时事	符合（　）	不符合（　）	
	迁移运用	总结反思	能主动学习他人的优点，反思自己的不足	符合（　）	不符合（　）	
		调整补救	当交际对方表现出疑惑时，能自行纠正补充	符合（　）	不符合（　）	

参考文献

［1］中华人民共和国教育部.义务教育语文课程标准（2022年版）［S］.北京：北京师范大学出版社，2022.

［2］王荣生.口语交际的课程意识［J］.语文教学通讯，2005（26）：4–7.

［3］J.L.奥斯汀.如何以言行事［M］.北京：商务印书馆，2017.

［4］约翰·R.塞尔.表达与意义［M］.北京：商务印书馆，2017.

［5］何自然，冉永平.新编语用学概论［M］.北京：北京大学出版社，2009.

［6］中华人民共和国教育部.义务教育语文课程标准（2022年版）［S］.北京：北京师范大学出版社，2022.

［7］索振羽.语用学教程［M］.北京：北京大学出版社，2014.

［8］余琴.统编小学语文教材口语交际编排特点与教学建议［J］.语文建设，2019（16）：59–63.

［9］Stern H H. *Fundamental Concepts of Language Teaching*［M］. Oxford：Oxford University Press，1983：229.

［10］姚林群，王苏丫，胡小玲.小学生口语交际能力：要素、水平层次及评价指标［J］.教育测量与评价，2022（5）：50–61.

［11］熊宁宁.夯实基础 螺旋式发展：部编义务教育语文教科书一年级下册教材分析［J］.小学语文，2017（Z1）.